# 유모차 밀고
# 선거 나온 여자

# 유모차 밀고 선거 나온 여자

서정원 지음

생각비행

# 유모차 밀고 지방선거를 경험하다

2014년 5월 15일 9시 뉴스를 마무리하며 앵커가 말했다. 내일
이 6.4 지방선거 후보 등록 마지막 날이라고. 남편은 그 말을 유
심히 들었나 보다. 아니, 그 말이 남편을 찾아온 것 같다. 그렇지
않고서야 어떻게 하룻밤 사이 이모님께 기탁금 200만 원을 빌리
면서까지 구의원 출마를 결심할 수 있단 말인가? 도대체 '무엇
이' 내 남편을 이 무모한 일에 빠져들게 했을까?

효창동은 남편에게 향수 어린 동네다. 남편은 유년기와 청소
년기를 여기서 보냈다. 대학에 가기 전까지 효창공원을 누비면
서 놀았고 공원 인근의 중·고등학교에 다녔다. 동네 구석구석
까지 그의 발길이 닿지 않은 곳이 드물었다. 대학에 들어가면서
효창동을 떠났지만, 후에 돈을 벌어 효창동에 낡은 빌라를 하나

구매했다. 그 집에서 우리는 신접살림을 차렸다. 아들 둘을 낳은 뒤 낡은 집을 떠나 이사를 가려고 부동산중개소에 내놓았지만, 팔리지 않아 계속 이 집에 살고 있다. 집이 팔리기 전에는 이사를 갈 수 없다. 남편은 이 동네를 아이들이 살기 좋은 곳으로 만들어주고 싶다고 했다. 뭐, 얼마든지 그런 바람은 가질 수 있다고 생각했다.

그러던 어느 날, 성당 대모님이 남편에게 시의원을 소개해주고 싶다는 내용의 문자를 보내셨다. 이유가 궁금해 전화를 드렸다. 하시려는 말씀인즉슨, 이분이 우연히 길에서 용산에 초대형 도서관을 만들어야 한다는 전단을 나눠주고 있는 남편을 만나셨단다. 그래서 당신의 지인 중 시의원인 분을 소개해주기로 했는데, 남편의 전화번호를 몰라 나한테 연락하신 거였다.

## 효창동 토박이 남편, 바람 들다

남편 서재에 들어가 보니 정말 전단 뭉치가 나왔다. 몇만 장은 족히 되어 보였다. 아아…! 내가 이럴 줄 알았지. 박사학위 논문을 3년째 쓰는 게 이상하다 싶었더니 겨우 길에서 이딴 거나 돌리고

프롤로그: 유모차 밀고 지방선거를 경험하다

있어? 남편을 추궁했다. 이 전단 뭉치와 여기에 나오는 '도서관 만들기 추진 위원회'가 도대체 무어냐고. 그는 용산에 3000만 권을 소장할 수 있는 초대형 도서관을 만들 거라고 했다. 그래서 뜻이 맞는 사람들과 함께 '위원회'를 만들었고 돈을 모아 전단을 찍어낸 거란다. 아아! 아아! 골치가 아팠다. 그 신념이 너무 강해서 이미 말릴 수 없는 단계로 보였다. 그래서 뭘 하든 당신 마음대로 하되 첫째, 육아와 가사에서 당신 몫은 다할 것, 둘째, 내 눈에 띄지 않게 할 것이라는 약속을 받아냈다. 못하게 막기는커녕 집 밖에서 전단을 마음껏 나눠줘도 되는 상황만 만들어줬다.

　남편의 도서관 만들기 운동은, 용산에 화상경마장이 들어온다는 소식과 함께 경마장 반대운동으로 이어졌다. 남편은 유모차를 밀고 경마장 반대집회에 나갔다. 내 눈에 띄지 않게 다니긴 했으나 내 귀에는 남편이 무슨 짓을 하고 돌아다니는지 다 들어오고 있었다. 동네 생협에 가면 이웃들이 묻지 않아도 다 말해줬다. 큰 홍이 아빠가 유모차 밀고 집회에 다녀갔다고. 그가 바라는 일들이 누구에게도 해가 되지 않고, 이루어진다면 많은 사람에게 도움이 되리란 걸 알지만, 화가 났다. 어린아이를 키우며 박사학위 논문을 쓰느라 시간을 쪼개 쓰는 사람이 그런 일까지 나서서 하는 것이 못마땅했다. 하지만 말리지 못했다. 말해도 들

유모차 밀고 선거 나온 여자

지 않을 것이기에 그냥 눈을 감아버리기로 했다.

우리 동네에는 효창공원과 백범기념관이 있다. 효창공원은 본래 정조의 맏아들인 문효세자의 묘인 효창원이었는데 일제 강점기에 공원이 되었다. 광복 후에는 김구 선생을 비롯한 이봉창, 윤봉길, 백정기 등 독립운동가의 유해가 안장되었다. 남편은 효창공원을 독립운동가들의 정기가 서린 성스러운 곳이라고 믿었다. 그런 곳에 개들이 똥을 싸지르고, 방문객들이 쓰레기를 남기고 가는 게 마음을 어지럽힌다고 했다. 마을도서관에서 효창공원의 역사에 대한 강의를 듣고 온 이후에는 심란함이 더 커져 이 성스러운 곳을 국립묘지화해야 한다고 주장하기 시작했다.

그래, 그럴 수 있다. 자신이 소중하고 가치 있다고 여기는 장소가 그에 걸맞은 대접을 받지 못하니 안타까움을 느낄 수도 있다. 자신의 의견을 얼마든지 말할 수 있다고 본다. 우리가 사는 나라는 표현의 자유가 보장된 대한민국이니 말이다. 하지만 그렇다고 구의원 선거에 나간다니?

2014년 5월 16일을 잊을 수 없다. 그날 나는 2010년 가을 남편 친구에게 들었던 말의 의미를 다시금 깨달았다. 남편의 친구는 내게 남편이 순수하고 열정적인 사람이라면서도 "다소 즉흥적인 면이 있지만"이라는 사족을 붙였다. 머릿속에서 빨간불이

프롤로그: 유모차 밀고 지방선거를 경험하다

깜박였다. '순수' '열정' 그리고 '즉흥'이라는 단어 하나씩만 놓고 보면 괜찮았다. 그런데 세 단어가 어우러지니 왠지 모를 불안감이 엄습했다. 순수＋열정＋즉흥이라….

그때의 불안감은 결혼을 앞두었기에 드는 느낌으로 치부하고 말았던 것 같다. 그리고 결혼을 해서 살았다. 바쁘게. 남편은 가끔 내 뒤통수를 치는 듯한 행동을 할 때가 있다. 2014년 5월 16일도 그런 날이었다. 여느 날과 마찬가지로 우리 가족은 잘 자고 일어났다. 나는 깨자마자 4개월 조금 지난 둘째 아들의 기저귀를 갈고, 미셸린 타이어 광고 캐릭터처럼 살이 찐 다리를 쭉쭉 펴주고 있었다. 녀석은 만세 자세로 누워 만족스러워하는 목소리를 내는 중이었다. 거실에서 큰아들과 자고 일어난 남편이 안방으로 들어왔다.

"여보, 놀라지 마세요. 나 이번 지방선거에 구의원으로 출마할 거예요."

이어지는 남편의 말들이 먹먹하게 들렸다. 어릴 적 친구들과 잠수 시합을 할 때 눈을 질끈 감고 코와 귀까지 물속에 담가 숨을 참을 때처럼. 머릿속에서 '순수' '열정' '즉흥'과 같은 단어가 불나방처럼 날아다녔다.

인간적 측면에서 보자면 이 사내의 순수한 마음은 참으로 고

유모차 밀고 선거 나온 여자

결하다. 또 그것을 민주주의 제도를 통해 이루려는 시도는 아름 답다. 선거에 뛰어들려는 명분 또한 바르고 정직하며 가치 있다. 하지만 아내 된 입장에서는 미치고 팔딱 뛰겠다. 우리는 생활이, 아니 생존이 어려운 상황인데 이상세계만 추구하는 남편은 〈허생전〉의 허생인가? 내가 허생의 아내처럼 푸념을 얼마나 더 해야 하나 싶었다. 이제 하다 하다 선거까지?

지난 4년의 결혼 생활로 깨달은 사실 한 가지는, 남편이 뭔가를 하고자 하면 못 하게 막을 수 없다는 것이다. 나한테는 안 하겠다고 하고 숨어서라도 했다. 그는 결국 선거에 나갈 것이다. 그래서 아무 생각 없이, 영혼 없이, 사심 없이, 나도 모르게 말을 뱉었다.

"식품영양학 박사가 무슨 구의원을 해? 사회복지학 전공자라면 몰라도!"

잠시 조용하던 남편이 말했다.

"그래? 그럼 당신이 하쇼. 당신이 하면, 내가 밀어주지."

나는 허허 웃으며 알겠노라고 했다. 하루 사이에 어떻게 입후보 준비를 하겠는가? 아무리 서두른다 해도 발급받지 못하는 서류들도 있을 테고, 준비되지 않은 서류들도 있을 테니 하루를 투자해 남편의 허튼 시도를 막으리라고 생각했던 것 같다. 그런데

프롤로그: 유모차 밀고 지방선거를 경험하다

우연인지 기적인지 하루 만에 모든 게 준비됐다. 남편의 뜻을 어떻게든 막아보려고 뱉은 말에 판이 점점 커져버린 것이다.

그렇게 이 모든 일이 시작됐다. 실제로 남편은 선거 까막눈인 내가 우여곡절 끝에 정말 입후보를 하고 혼란스러워하는 틈을 타 '나의' 구의원 공약 맨 앞에 "효창공원 국립묘지화"를 내세웠다. 선거운동 기간에 만난 주민들과 이웃들은 내게 떨어지고 싶은 게 아니라면 국립묘지화 공약을 빼라고 했다. 하지만 공약집과 명함은 이미 인쇄가 됐고, 남편은 독립투사의 영령이 우리를 지켜줄 것이라고 믿었다.

## 정치꾼 혐오하던 내가 구의원 후보?

어느 날 갑자기 얼떨결에 구의원 후보가 됐으나, 내가 정치나 사회참여에 아주 무관심한 건 아니었다. 의미 있는 활동을 하는 시민단체 몇 군데를 후원하고 있었고, 마을 책방에서 동네 아줌마들과 소모임을 진행하기도 했고, 우리 동네 생협과 서울대 생협의 대의원으로 활동해왔다. 구청이나 시청에 '길빵'(길에서 흡연하는 행위)을 금하는 조례를 요청하는 민원을 넣기도 했고, 공공

유모차 밀고 선거 나온 여자

시설에 수유실을 설치해달라는 편지를 쓰기도 했다. 자녀를 동반한 여성의 편의 증진과 복지 향상을 주장하는 의견을 국민신문고 홈페이지에 올리기도 했고, 필요한 경우에는 국가인권위원회에 조사를 요청하기도 했다. 또 각종 신문과 매체에 자녀를 키우는 여성에 대한 지원을 촉구하는 글을 쓰기도 했다. 거창하다고는 할 수 없지만, 내가 할 수 있는 차원에서 사회참여를 해온 셈이다.

그렇지만 직업 정치인으로서 정치에 직접 참여하고 싶다는 생각을 해본 적은 없다. 내가 생각해온 현실적인 직업은 연구소나 학교에 기반을 둔 직종이었다. 상상력을 조금 발휘하면 시민단체 간사까지 생각해볼 수는 있었다. 하지만 정치인은 내 상상밖의 이야기였다.

정치인이 되기 원한다면야 사회문제 해결과 사회 구성원의 복지 증진에 대해 공부해온 이상 못할 것도 없다. 주민의 편의와 복지를 위해 고민하고 해결책을 찾는 과정은 가치 있는 일이고, 한다면 할 수 있는 일이다. 다만 '그런 일'은 하고 싶은데, '정치인'은 되고 싶지 않았다. 내게 '정치인'의 이미지는 권력을 향한 욕망을 배태한 채 환하게 웃는 얼굴이다. 꺼림칙하다. 그렇게 되고 싶지 않다.

프롤로그: 유모차 밀고 지방선거를 경험하다

정치에 대한 내 거부감은 공동체를 위해 헌신하는 정치가 Statesman가 아닌 정치꾼politician에 대한 혐오라고 정리할 수 있을 것이다. 목적 없이 방향을 잃고 달려가는 기차처럼 권력을 향하는 정치 풍토에 대한 불만과 그로 인한 무관심이 정치를 대하는 나의 모습이었다. 현실에 대한 불만은 있지만, 정치로 뭔가를 바꾸기란 어렵다는 패배감에 젖어 멀리서 편하게 비난하는 길을 선택한 지식인이 나였다. 아무것도 책임질 게 없고 비난받을 일도 없으니 안전하고 편리했다. 그런데 일이 이렇게 벌어졌다. 분열된 자아를 통합하지도 못했는데….

"손바닥도 마주쳐야 소리가 난다." 시아버님이 남편과 내게 자주 하시는 말씀이다. 다투지 말고 한 사람이 져주라는 말씀이다. 그렇다. 손바닥은 어느 한쪽에서 마주치지 않으면 소리가 나지 않는다. 남편이 구의원에 출마하겠다고 했을 때 내가 아무 반응을 하지 않았더라면 나에게는 아무 일도 일어나지 않았을 것이다. 그런데 우리 부부는 다른 때는 몰라도 이럴 때는 호흡이 아주 잘 맞아서 덜컥 일을 벌이고 말았다. 지방선거 출마라는 재미나지만 고된 일을.

어쨌든 선거는 끝이 났고 나는 낙선했다. 그럼에도 기억을 들추어 정리한 가장 큰 이유는 그때 배운 것을 기록하고, 부족한

유모차 밀고 선거 나온 여자

나를 응원해준 친구들에게 감사의 선물을 하고 싶어서다. 나아가 혹시라도 내 경험이 누군가에게 도움이 되지 않을까 하는 기대도 있다. 선거라는 낯선 여정의 첫걸음을 떼려는 사람에게 좌충우돌하면서 겪은 경험을 나누고 싶다. 나는 할 수 있는 모든 실수와 삽질을 했으니, 당신은 그런 것을 피해 그다음 걸음을 잘 이어가길 바라는 마음으로.

프롤로그: 유모차 밀고 지방선거를 경험하다

용산구 구의원 후보로 출마하고 나서 펼쳐진 하루 하루는 정말 새로운 것투성이였다. 그 새로움이 두려웠지만 재미있기도 했다. 그날그날 일어난 일과 감상을 블로그에 올렸는데, 나와 남편이 선거 과정에서 한 경험이 결코 달콤하지만은 않다. 하지만 이따금 들춰보면 우리가 지나온 그날들이 우리를 성장하게 한 의미 있는 시간이었음을 깨닫는다. 무엇보다 우리 부부의 경험이 선거를 도와준 주변 지인과 블로그를 지켜본 사람들에게 정치에 직접 참여하는 것에 대해 생각해볼 계기를 제공했다는 데 보람을 느낀다. 그 숨 가빴던 시간은 내 상상력과 사고의 틀을 많이 바꿔놓았다.

유모차 밀고 선거 나온 여자

# 번갯불에 콩 굽듯 하루 만에 후보 등록하기

인터넷 포털 사이트에서 '지방선거 후보 등록 서류'를 검색했다. 뭐가 많다. 많아도 너무 많다. 용산구 선거관리위원회 전화번호를 검색해 전화를 걸었다. "무소속으로 구의원 후보에 등록하려고 하는데요." 제출해야 하는 서류가 많으니 빨리 오라고 했다. 다행히 택시 타면 기본요금 나오는 거리에 선거관리위원회 사무실이 있어 금세 도착했다.

선거관리위원회 직원은 나를 아주 황당하다는 듯 바라봤다. 생후 4개월 된 아기를 업고서 후보 등록 마지막 날 출마하겠다며 나타난 여자가 당연히 이상해 보였을 것이다. 우는 작은 홍이를 어르고 달래며 후보자 등록에 필요한 서류에 대한 설명을 듣고, 무소속 후보 출마에 필요한 해당 선거구의 선거권자 추천장 서식을 전달받았다. 오늘 저녁 6시 전에 50인 이상에게서 추천을 받아야 한다. 꼭 전달받은 서식에 자필 서명과 인장이 있어야 효력이 있다고 했다. 무효 추천장이 있을 걸 감안해 70장 정도는 받아와야 한다고 했다.

서류 목록을 대충 훑어보니 후들후들하다. 15개 정도인데 발급 가능한 장소가 주민자치센터, 구청, 세무서, 경찰서 등 제각각이다. 차도 없는데 여기를 하루 만에 돌 수 있을까? 모두 하루에 발급할 수 있는 서류들인 걸까? 돼도 그만 안 돼도 그만이다. 오늘 열심히 준비해서 안 되면 당연한 일로 받아들이고, 되면 하늘이 도운 것으로 생각하면 될 일이다.

준비할 서류 목록을 머릿속에 접수했다. 큰 홍이를 어린이집에 맡기러 간 남편에게 전화해 집에서 만나자고 했다. 우리는 업무를 분장했다. 남편은 작은 홍이를 데리고 동네 주민들에게 추천장을 받으러 다니기로 하고, 나는 필요한 서류를 떼러 다니기로 했다.

머릿속으로 에너지 효율이 가장 높은 동선을 그려봤다. 경찰서 → 세무서 → 구청 순으로 돌면 될 것 같았다. 다니기 편하게 시원한 민소매 원피스를 입었다. 출사표를 던지려는 마당이니 겉에 가벼운 웃옷도 걸쳤다. 스물 몇 살 때부터 입던 것이라 낡기는 했지만, 웃옷을 걸치니 뭔가 구색을 갖춘 기분이 들었다.

택시를 타고 경찰서로 가서 전과기록증명서를 떼어달라고 하니, 어떤 용도로 쓸 거냐고 묻는다. "지방선거에 나가려고요." 하고 답하니 공직 선거 제출용 증명서는 발급하는 데 며칠이 걸린단다. 며칠이라…. 다른 사람들은 몇 주 전에 와서 떼어갔는

유모차 밀고 선거 나온 여자

데 왜 이제야 왔느냐는 질문도 덧붙인다. '그러게요. 그때는 나도 내 인생에 그런 게 필요할 줄 몰랐답니다.' 목구멍까지 올라온 말을 그냥 삼켜버렸다. 여기서 끝이구나 싶었다. '그렇지, 당연히 그런 것이지. 공직 선거에 나갈 준비를 번갯불에 콩 구워 먹듯 하루아침에 할 수는 없겠지….'

남편에게 서류를 뗄 수 없다고 전화를 걸려는 순간 여기저기 관계 부서에 전화를 걸던 담당 직원이 오후 3시에 다시 오란다. 발급해놓겠다고. '왜요? 왜죠?'라고 물어보고 싶었다. 발급하는 데 며칠이나 걸리는 서류를 어떻게 하루 만에, 왜 떼줄 수있게 된 것인지 묻고 싶었다. 하지만 그분이 변심이라도 할까봐묻지 않았다. 남편의 말마따나 하늘이 돕는 것이라고 생각하기로 했다.

택시를 타고 세무서로 갔다. 그곳 직원도 공직 선거용 세금신고서는 발급 소요 기간이 3일이라고 했다. 신청서에도 그렇게기재되어 있었다. '처리 기간 3일 이내'라고. 직계 가족 세금 내역까지 포함하는 것이라 직계 가족의 거주지 관할 세무서와 공조가 필요한 만큼 시간이 제법 걸린다고 했다. 하지만 요즘은 급한 업무가 많지 않은 시기여서 가급적이면 서둘러 처리해보겠단다.

다시 택시를 타고 구청으로 향했다. 가족관계증명서, 주민등록초본을 발급받았다. 이제 내가 직접 작성해야 하는 서류들이 남았다. 주변을 둘러보니 민원실의 공용 컴퓨터가 눈에 들어왔다. 한글 프로그램을 열어 후보자등록신청서와 재산·병역·경력·인영신고서와 이력서를 작성했다. 마치고 나니 오후 2시다.

남편에게 전화를 걸어 추천장을 얼마나 받았는지 물어보니 성당 교우들과 이웃사촌들이 많이 써주셔서 목표량의 절반 정도를 받았다고 했다(남편은 냉담신자이고 나는 세례받고 성당에 나간 횟수가 손가락으로 꼽을 정돈데 뭘 보고 날 추천해주신 것인지, 참 사랑이 넘치는 분들이시다!). 남은 시간은 4시간.

이제 경찰서와 세무서의 서류가 발급되기를 기다리며 선거관리위원회에 제출할 증명사진을 찍어야 한다. 동네 미장원으로 가 드라이를 했다. 미장원 아줌마는 남편이 이미 추천장을 받으러 다녀간 얘기를 들려줬다. 더운데 작은 홍이 업고 추천장을 받으러 다니는 모습이 처량해 보여서 미장원에 앉아 계시던 동네 할머니 여러 분이 써주셨다고 했다. 집에 가서 도장을 가지고 오는 수고까지 하시면서 말이다. 참 감사했다.

그런데 드라이는 정말 마음에 안 들게 됐다. 더운 날 땀 흘리며 뛰어다니느라 얼굴이 벌겋게 익었으니 어떤 머리를 해도 어

유모차 밀고 선거 나온 여자

**서정원**
**기호4 무소속**

후보자목록 ›

서울 용산구의회의원 용산구가선거구 선거

행정동보기

선관위에 등록된 사진

울릴 수 없었겠지만…. 아무튼 빨간 고구마에 가발 씌워놓은 꼴이었다. 증명사진을 찍으러 갔다. 들어가 보니 성당 교우님이 운영하시는 곳이었다. 사진을 정성스레 찍어주셨다. 하지만 그분의 기술과 정성에도 원판은 크게 달라지지 않았다. 포토숍으로 점도 빼고, 턱도 깎고, 피부 톤도 보정했지만 역부족! 〈박씨전〉의 박씨처럼 박색薄色이다.

번갯불에 콩 구우면서 "웰던에 파슬리, 시즈닝" 타령을 어찌 하리요. 어떡해서든 저녁 6시까지 서류를 제출해야 하는 마당에 말이다. 어쨌든 사진 속 인물이 '나'임을 식별할 수 있으니 일단은 '패스'다. 오후 4시, 남편에게 전화를 걸었다. 50장을 다 받았지만 일부 무효 처리될 가능성을 감안해 추천장을 좀 더 받아서 갈 테니 선거관리위원회에서 만나자고 했다.

택시를 타고 경찰서로 갔다. 서류가 발급됐다. 고마워서 음료

수라도 사드리고 싶었지만 혹시라도 선거법 위반은 아닐까 겁이 났다. 다시 택시를 잡아 타고 세무서로 향했다. 담당자는 당선되거든 좋은 역할을 많이 해달라면서 서류를 건네줬다. 사람들의 마음이 고마웠다. 다시 택시를 탔다. 이촌동 용산세무서에서 출발해 서울역 뒤 선거관리위원회에 도착했다. 5시 30분이 되었다. 남편은 아직 도착하지 않았다. 나머지 서류들을 제대로 작성했는지 확인했다. 오탈자가 있어 새로 작성해야 하는 서류도 있었다. 시간이 얼마 없는데….

5시 45분에 남편이 도착했다. 선거관리위원회 직원들이 와락 달려들어 남편이 받아온 추천장의 유효 여부를 가리기 시작했다. 남편이 받아온 70장의 추천장 중 6장을 제외한 모든 게 유효해 후보자 등록을 위한 서류가 모두 갖춰졌다. 5시 55분, 기탁금 200만 원을 용산구 선거관리위원회로 송금했다. 드디어 끝났다. 나는 이제 용산구의회 구의원 선거의 후보자가 된 것이다.

남편과 작은 홍이와 함께 선거관리위원회를 나왔다. 큰 홍이를 데리러 가면서 우리는 서로를 향해 물었다. "우리가 지금 뭘 하고 있는 거지?" 충분히 고단하고 정신없는 하루였다. 일단 주린 배를 채우고 큰 홍이를 찾자. 그리고 푹 자자. 앞으로 닥쳐올 일은 내일 생각하기로 하고.

## 우리 집 거실은 선거사무소

주말이라 밀린 집안일을 했다. 남편은 A4 용지에 '서정원 구의원 후보 선거사무소'라고 써서 거실 벽에다 붙였다. 그런 남편을 보며 "서정원 후보 사무장님, 같이 빨래 좀 갭시다"라고 했지만, 남편은 선거 공무가 바쁘다며 내 말을 귓등으로 흘려버렸다.

뭘 해야 할지 모르겠다. 멍하다. 그래서 그냥 집안일을 했다. 엄마한테 전화해 "신 여사님, 딸이 구의원 후보로 출마했으니 선거자금 좀 후원해주십쇼"라고 했더니, 미친년이 하다 하다 별 짓을 다 한다고 욕만 잔뜩 먹었다. 그 후로 전화가 불통인 걸 보니 충격이 컸나 보다. 내가 이번에 좀 셌나? 모르겠다.

뭔가를 해야 할 것 같아서 페이스북에 출마했다는 소식을 알렸다. 동네 이웃들이 뭔가 즐거워하는 듯한 댓글을 달았다. 그래도 혼자가 아니라는 느낌이 들었다.

# 선거 실무를 위한 속성 과외를 받다

남편과 함께 '구의원 후보와 사무장 놀이'를 계속했다. 서로를 "여보" "당신"이 아니라 "후보님" "사무장님" 하고 불렀다. 사무장이 선거공보에 넣을 공약과 프로필을 정리해달라고 했다. 프로필은 그냥 쓰면 되는 것이지만, 공약이라니…. 정말 무얼 어찌해야 할지 모르겠다. 동네 아줌마들을 만나 얘기를 해보든지 해야지.

쉬운 것부터 하나씩 격파하겠다는 마음가짐으로 프로필을 쓰는데, 이것도 만만치가 않다. 학교 주변인 관악 지역에서 주로 활동하던 내가 지역구인 용산에서 해온 활동이 너무나 적었다. 적게나마 해온 이런저런 활동을 어떤 식으로 엮어서 써야 할지도 막막하다. 일단 그냥 다 써놓았다. 아, 골치가 아프다.

아무래도 경험이 있는 사람에게 도움을 청해야겠다 싶어서 여성단체를 만들어 이끌고 계신 A언니에게 전화를 걸었다. 언니는 한 야당의 보직을 맡아 이번 선거에서 여러 후보의 선거운동을 지원하고 계셨다. 일단 언니를 만나러 갔다.

언니는 내가 정치를 배우는 가장 어려운 방법을 선택한 것이

유모차 밀고 선거 나온 여자

라고 했다. 어려운 방법이기도 하겠지만, 사실 가장 어리석은 방법이겠지. 원론적으로 따지자면, 민주주의 사회에서 그 구성원이 정치 참여의 일환으로 얼마든지 입후보할 수 있지만, 직업으로써 정치에 나서려는 사람이 나처럼 밑도 끝도 없이, 다짜고짜 입후보부터 하는 것은 매우 황당해 보이는 행보일 테니. 뭐든 순서가 있는 법이지만, 중요한 건 내가 차근차근 순서를 밟고 차곡차곡 인맥과 경험을 쌓아 당의 공천과 지원을 받으며 정치인이 되는 걸 열망하는 사람이 아니라는 사실이다. 이런 황당무계한 방식이 아니었다면 아예 선거에 나올 일이 없는 사람이었다.

암튼 돌려받지도 못할 기탁금 200만 원을 내던졌으니 "나는 돌아갈 길이 없다. 달리겠다"고 뜻을 밝혔다. A언니는 "200만 원으로 끝날 게 1000만 원이 될 수도 있다"며 우려하셨다. 사실, 좀 서운했다. 정치의 생리를 잘 아는 언니에게 지지와 격려를 듣고 싶었던 것 같다.

말은 그리했지만 언니는 내게 실질적인 도움을 주셨다. 당장 필요한 선거공보와 공약을 어떻게 만드는지 속성으로 설명해주셨다. 그리고 지금 내 상황에서는 '정치적인' 전략을 따르기보다는 그냥 내 방식대로 하는 게 가장 좋다고 했다. 선거 실무에 대한 속성 특강은 실로 큰 도움이 됐다. 독수리 타법으로 한글 프로그램에서 문서를 작성하다가 강사에게 단축키를 배운 느낌이랄까? 그런데 '선거 전략'에 관한 조언은 도무지 이해되지 않았다. 선거에 무슨 전략이 있다는 것인가? 선거운동 기간도 겨우 2주밖에 안 되는 구의원 선거에 무슨 전략씩이나 필요하단 말인가? 또 내 방식이라니? 내가 무슨 방식이 있다고? 그냥 주먹구구식으로 하고 있는데…. 아, A언니를 만나고 오니 더 답답하다.

프로필 초안을 쓰려고 다시 곰곰 생각해보니, 2012년에 동네 아줌마들과 마을 책방에서 어린이책 모임을 하기도 하고, 서울시 마을공동체 사업에 참여하기도 했다. 또 용산구 청소년상담복지센터의 상담 지원 활동도 했다. 청소년 둘을 멘토링했는데 그중 한 녀석은 탈학교 청소년이었다. 이 녀석이 나중에 검정고시를 통과해 참 많이 뿌듯했다. 하지만 이런 활동들을 어떻게 몇 줄짜리 프로필로 적어야 할지 난감했다.

다른 후보들의 프로필을 보니 학력, 직장 경력, 그리고 각종 위원회에서 감투 쓴 경력이 많다. 하다못해 어디 조기축구회, 무슨 봉사회 감투까지 빼곡하다. 나도 30년 이상 동동거리며 열심히 살았는데 뭔가 하나의 흐름으로 엮을 활동이 없는 것 같아 의기소침해진다. 그나마 해온 활동도 용산이 아닌 학교를 중심으로 이뤄진 것들이라 애매하다.

유모차 밀고 선거 나온 여자

그래도 이렇게 저렇게 정리를 해보니 대여섯 줄은 쓸 게 있다. 다행이다. 오늘은 정신노동을 너무 많이 했다. 내가 살아온 인생 여정을 선거에 쓸 프로필 몇 줄로 정리하는 데 에너지를 다 쏟아 부은 느낌이다. 선거를 시작하기도 전에 기가 빠진다.

- 학력 두 줄.
- 자격증 한 줄.
- 직장 경력 한 줄.
- 학교 내 활동 경력 한 줄.
- 용산구 내 활동 경력 한 줄.

이렇게 쓰기로 하자. 내일은 또 내일의 태양이 뜬다. 자자.

## ⏰ 5월 19일

## 막막한 공약 세우기

학교에 왔다. 2시부터 5시까지 전공 수업이 있다. 공교롭게도 남편이 선거관리위원회에서 하는 선거 사무 교육을 받으러 가야 해서 작은 홍이를 업고 왔다. 수업 전에 교수님께 전화로 갓난아

삐뚤삐뚤 선거일기

기를 업고 수업에 들어가겠다는 말씀을 드렸다. 수업 시간이 되자 다행히 작은 홍이가 잠들었다. 그래도 강의에 집중할 수가 없었다. 중간중간 젖을 먹이러 강의실을 나왔고, 아기가 칭얼거리기도 해 무슨 내용을 다루었는지 기억나지도 않는다.

페이스북에서 내 출마 소식을 본 학교 후배들이 한마디씩 덕담을 해주었다. 하지만 이 창피한 느낌은 뭐지? 뱃속에 숨겨놓은 정치적 야심을 들킨 것처럼 쭈뼛쭈뼛한 이 느낌은 뭘까?

 **정원서**
2014년 5월 17일 · 🏃 ▼

용산,효창동 동네분들~!
저 어쩔~!!!
어제 아침에 제홍아빠가 갑자기 빤쓰바람에 자기 구의원출마하겠다고 선언해서, 9월부터 강사해야지, 뭔소리냐 뜯어말리다가,
제가 출마하면 안한다길래, 서류떼는데만 며칠, 무소속추천서 50장 이상 받아야하니 당.연.히.안될테니,
한다고 했는데...... 더 보기

좋아요 · 댓글 달기 · 공유하기

👍 강태수, 정은석, 박진숙님 외 13명이 좋아합니다.

💬 댓글 7개 더 보기

**설혜영** 선거사무장님이 지력과 열정을 갖춘 분이시니 잘 이끌어주실거에요^^
2014년 5월 17일 오후 8:20 · 좋아요 취소 · 👍 1

**정은석** 으아닛?!ㅋㅋ 누나 화이팅!// 전 선거권 활용해볼게요ㅋㅋ
2014년 5월 19일 오후 1:20 · 수정됨 · 좋아요 취소 · 👍 1

**강태수** 이렇게 된 이상 용산구로 위장전입한다!
2014년 5월 19일 오후 1:19 · 좋아요 취소 · 👍 1

**정원서** ㅋㅋㅋ은석아 너네는 마인가 라선거굴ㄱ..난 가 선거구ㅋㅋㅋ태수야 지연이 조구구나
2014년 5월 19일 오후 1:49 · 좋아요

**페이스북 댓글**

유모차 밀고 선거 나온 여자

집에 돌아오니 남편이 공약을 정리해달라고 한다. 공약? 그렇지, 나도 공약을 내걸어야 한다. 구의원이 되면 내가 꼭 하고 싶은 일이 뭘까? 없다. 한 번도 구의원이 되겠다고 생각해본 적이 없으니 하고 싶은 일이 당연히 없지…. 하지만, 이제 그렇게 말하면 안 된다. 공식적으로 후보가 된 이상 후보로서 생각하고 행동해야 한다. 공약을 만들자. 우선 내가 이 동네에서 아이를 키우는 아줌마로서 무엇을 느끼고 바라나 생각해봤다.

- 아이들이 즐겁게 놀 수 있도록 놀이터의 안전성이 높아지고 놀이 기구가 더 많이 늘어나면 좋겠다.
- 주민들이 후원해서 만든 마을 책방과 사랑방에 사서 선생님과 마을 활동가가 생기면 좋겠다.
- 동네 보행로가 유모차와 휠체어가 다니는 데 불편하지 않도록 세심히 보수되면 좋겠다.
- 부모의 재능으로 마을 아이들에게 악기와 체육을 가르칠 수 있는 부모 모임이 있으면 좋겠다.
- 폐지 줍는 어르신들이 마을에서 안전하게 할 수 있는 소일거리를 제공하면 좋겠다.

삐뚤빼뚤 선거일기

생각을 정리하고 보니 생활에서 불편했던 것, 개선하면 좋겠다고 생각해온 것이 꽤 된다. 구의원이 되면 조례 제정 등을 통해 이런 주민의 필요와 욕구를 구 의정에 반영할 수 있다는 자각을 했다. 이젠 정말로 구의원이 되면 좋겠다는 생각이 든다. 할 수 있는 일이 꽤 많겠다. 하지만 여전히 직업 정치인이 된다는 건 불편하다. 구체적으로 말하긴 어렵지만 그냥 이미지가 안 좋다.

저녁에 남편에게 선거공보와 명함에 들어갈 내용을 넘겼다. 내일이면 인쇄소에서 명함이 나온다고 한다. 우리에게는 공보와 명함을 제작할 돈이 없다. 기탁금이 선거에 드는 돈의 전부인 줄 알았는데, 기탁금 내고 나니 선거관리위원회에서 말해준다. 선거에 드는 모든 비용은 후보자가 부담해야 하고 선거공보와 벽보도 반드시 제출해야 한다고. 남편이 일단 인쇄소에 외상으로 맡겼다는데 돈을 어디서 구해야 할지 막막하다. A언니의 말이 맞구나. 200만 원으로 끝나고 말 일이었는데 정말 1000만 원이 들지도 모르겠다. 남편은 벌써부터 승리를 확신하는지 힘이 펄펄 넘친다.

유모차 밀고 선거 나온 여자

## 못 말리는 남편의 선거 공약 바꿔치기

명함이 나왔다. 우리는 하루에 몇십만 원씩 주고 유세 차량을 돌릴 수 없으니까 명함이라도 많이 나눠주기로 했다. 그래서 이만 장을 찍었다. 명함 디자인은 남편이 했다. 엄청 촌스러웠다. 그건 그렇다 치자. 글씨가 너무 많다. 이런저런 불평을 제기했는데 남편의 대답이 가관이다. 우리는 다른 선거운동을 못하는 고로 명함에 승부를 걸어야 하니 그 안에 모든 것을, 전부, 다 집어넣었단다.

그런데 명함에 적힌 공약을 자세히 보니 내가 작성해 넘겨준 게 아니라 이상한 내용이었다. 효창운동장을 주민 품으로 돌려놓고, 효창공원을 국립묘지화하고, 구청을 복합문화도서관으로 만들고, 장애인복지센터, 노인복지평생학습센터를 건립한다는….

아, 어처구니가 없다! 뭔 구의원이 센터를 이렇게 많이 세운담? 내가 무슨 국회의원 선거에 나가나? 그리고 뭐, 국립묘지? 동네 한가운데에 국립묘지를 만들어? 나는 작년인가 재작년에 이거 반대하는 서명 용지에다 직접 서명도 했는데? 아, 미치겠

용산구의원선거/무소속4,효창,청파,남영

# 서정원

서울대 사회복지학과 졸업
서울대 사회복지학과 대학원
사회복지사 1급
한국방송통신대 행정학과 조교(전)
서울대 부모학생모임 '맘인스누' 대표(현)
용산구청소년상담지원센터 학부모지원단(전)

무소속 4번

**" 두 아이 엄마의 행복한 삶터,
안전한 배움터, 즐거운 놀이터 만들기 "**

무소속
기호
4번
서정원의 실천공약

1. 효창운동장을 주민의 품으로
   효창운동장을 녹지화하고 주민들을 위한 복합문화공간으로
2. 효창공원 독립운동가들의 무덤을 국립묘지화
   조국을 위해 목숨을 바치신 독립운동가들을 위한
   최소한의 의무입니다. 물론 주민들의 공원이용은 현재와 같이
3. (구)용산구청을 복합문화도서관으로
   우리의 자녀들, 노인들, 장애인을 위한 공간이
   되어야 합니다. 독서, 음악, 미술, 무용, 전시, 연극을 할 수 있도록
4. 장애인복지위원회 설립
   장애인을 위한 복지센터를 건립하고, 장애인 체육회를
   설립해야 합니다.
5. 노인복지, 평생학습관 설치
   노인들을 위한 평생교육시설을 (구)용산구청에
   설치하겠습니다.

부담 백배 선거 명함

다. 남편이 실업자 국비 지원으로 두 달간 디자인 교육을 받아서 포토숍과 일러스트를 할 수 있다기에 돈도 없고 시간도 빠듯해 맡겼더니만 이런 사달을! 명함, 선거공보, 선거 벽보, 현수막까지 죄다 저 공약으로 빼곡히 채웠다. 아, 욕을 안 할 수가 없다. 전부 외상이라 다시 만들 돈도 없는 마당에….

속이 부글부글 끓는데, 남편은 '자신의 공약'을 설명하느라

유모차 밀고 선거 나온 여자

여념이 없다. 내가 자기 말에 경도되어 꼭두각시 노릇을 하길 바라는가 보다. 갑자기 내가 얼마나 무능한지를 느꼈다. 디자인 프로그램 다룰 기술이 없어 남편에게 의존했더니, 내가 애써 만든 공약을 하찮게 여겨 멋대로 폐기해버리고 자신이 평소 바라던 거창한 꿈들을 내 공약으로 만들었다. 난 이 과정을 통제하지 못했다. 돈이 없어서 새로 만들 수도 없다. 내 무능함이다.

선거운동을 지속해야 하나 싶다. 선거판의 생리에 익숙하지도 않은 데다 상황을 통제하지도 못하면서 당선되기를 기대하는 것이 너무 허황하다는 생각이 든다. 하지만 돌이키기에는 너무 많은 것, 특히 기탁금 200만 원이 아깝다. 여기서 포기하느니 최선을 다해보자. 아, 그래도 저 공약을 가지고 어떻게 최선을 다하지? 사람들이 싫어할 텐데….

마음이 너무 복잡하고, 남편이 정말 싫다.

## ⏰ 5월 21일

## 얼굴에 철판을 깔기로 하다

수요일이다. 매주 수요일에 이화여대 리더십교육원에서 여성 NGO리더십 교육을 받는다. 남편은 또 선관위에 볼일이 있단다. 무슨 교육이 그리도 많은지…. 작은 홍이를 업고 교육을 받으러 갔다. 여성단체, 시민단체 활동가 30여 명과 함께하는 시간은 꿀맛 같다. 좋은 강의를 듣고 좋은 사람들을 사귀며, 비슷한 고민을 하는 인생 선배들에게 삶의 정수를 배울 수 있어서 나는 이 교육이 정말 좋다.

같은 자리에 앉은 활동가분들에게 예비후보 명함을 돌렸다. 사진을 보더니 아는 사람이냐고 물으시기에 나라고 대답하자 실물과 사진이 다르다며 언제 적 사진인지 물으신다. 지난번에 찍은 후보자 등록용 사진이 지나치게 사실적으로 나와서 폐기하고 오래전 입시 서류용으로 찍어둔 것을 명함에 넣은 터였다. 결혼 전 사진이지만 머리 모양도 비슷하고, 성형수술은 나와 거리가 멀어 괜찮겠지 싶어 썼는데, 이건 또 너무 사실적이지 않은가 보다.

활동가분들이 용산에 사는 지인들에게 입소문을 내주겠다고 하셨다. 후보 등록을 하고 나니 모든 사람을 내 편으로 만들고 싶다. 이 모임에 용산에 사는 분은 없지만 소문을 내준다니 그게 또 어딘가. 지역에서 오랫동안 활동해오신 분들이니 인맥과 네트워크가 넓을 것이다. 지금 내가 나를 알릴 수 있는 방법은 발품 팔아 명함 돌리는 것과 인맥을 최대한 활용하는 것이다. 일

유모차 밀고 선거 나온 여자

단, 내가 속한 모임을 정리해보니 대략 이렇다.

- 대학과 대학원 동문.
- 동네 아줌마들.
- 서울대 부모학생 모임 맘인스누mominsnu.
- 이대 여성NGO리더십과정 동기.

뭔가 속보이며 면목없고 부끄럽지만, 도움을 구할 데라고는 아는 사람들밖에 없다. 조금이라도 도움받을 여지가 있다면 부탁해야 한다. 자신감 있게 나를 뽑아달라고, 또는 용산에 사는 지인에게 소개해달라고 부탁하자. 내가 도둑질하는 것도 아니고, 민주 사회의 기반인 선거에 나와 표를 달라는 건데 부끄러워할 필요 없다. 떳떳하게 요청하자. 날 찍어달라고. 사실 아직은 사람들에게 날 찍어달라는 부탁보다 나 자신을 설득하기가 더 어렵다. 후보자로서 자신을 받아들이는 것, 정치인이 되기 위해 선거에 나왔다는 현실을 받아들이는 것 말이다. 결국 내가 문제구나.

뻬뚤뻬뚤 선거일기

# 땡볕에 유모차 몰고 시작한 선거운동

공식적인 선거운동 시작일이다. 6월 3일 자정까지 주어진 시간은 13일. 어떻게든 이 기간에 나를 널리 알려야 한다. 제홍이는 유모차에 태우고 지홍이는 아기띠로 업고 새벽부터 집을 나섰다. 여름이었지만 아침 공기는 차가웠다. 출근하는 사람들에게 명함을 나눠주기 위해 청파시장 입구로 갔다. 큰 홍이가 탄 유모차에 선거 벽보를 붙였다.

유모차가 일종의 선거 유세 차량인 셈이다. 지나가는 사람들이 유모차를 보고는 웃었다. 으리으리한 탑차에 번듯한 사진을 붙인 유세 차량에 비하면, 너무 작고 초라해 보여서 웃는 것일 수도 있겠지. 하지만 선거운동에 정석은 없다고 생각한다. 나같이 다른 방식으로 선거운동하는 사람도 필요하다.

내가 명함을 나눠주는 동안 지홍이는 아빠에게 안겨 있었고, 제홍이는 유모차에서 유튜브로 〈뽀로로〉와 〈폴리〉를 봤다. 엄마 아빠가 선거운동하는 동안 '만화영화 무제한 감상'이라는 꽃놀이를 하게 된 제홍이는 매우 흡족해 보였지만, 그런 녀석을 보니 안쓰러운 마음이 든다.

낮이 되자 여름의 열기가 강해졌다. 내 선거구는 효창동, 청파동, 남영동, 서계동, 동자동인데 일단 오늘은 청파동을 돌았다. 배문고에서 서울역 뒤쪽까지 이어진 고지대 주거 지역은 처음 가봤는데 빌라와 다세대주택이 빼곡한 동네에 자그마한 봉제 공장이 즐비했다. 재봉틀 소리가 나는 곳에 들어가 명함을 조용히 두고 나왔다. 지홍이를 업고 돌아다니니 사람들이 야박하게 대하지는 않았다. 다만 이 뙤약볕에 어린아이를 업고 돌아다니는 모습을 안쓰러워했다.

낮에는 동네에서 사람 구경하기가 어려웠다. 그나마 가끔 만나는 할머니들에게 명함을 드렸더니 "몇 번이여?" 하고 물으며 "1번"이 아니면 찍지 않으실 거라는 대답만 돌아온다. 무슨 벌레를 본 것처럼 "4번"이 적힌 내 명함을 버리신다. 아, 인심 사납다. 안 찍으면 그만이지 사람 면전에서 명함을 버릴까? 4번이라는 기호 때문일까? 아니면 '나' 때문일까? 혼란스럽다. 이 할머니들의 경멸과 무시가 '4번'에 대한 것인지, '나'에 대한 것인지 궁금하다.

집에 돌아와 보니 우리와 계속 함께한 지홍이의 엉덩이와 고추에 땀띠가 잔뜩 났다. 마음이 쓰리다. 몸은 천근만근. 농활에 끌려가 땡볕 아래서 일할 때보다 더 힘들다. 사람들의 거친 반응

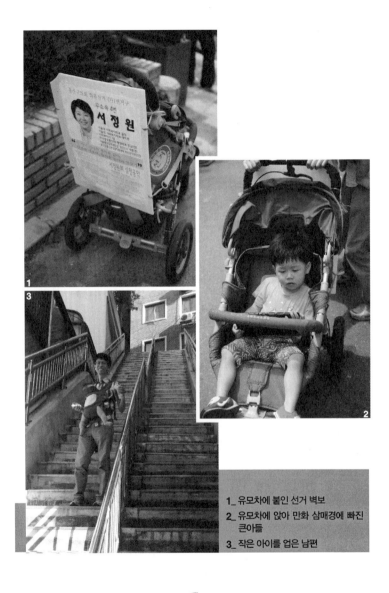

1_ 유모차에 붙인 선거 벽보
2_ 유모차에 앉아 만화 삼매경에 빠진 큰아들
3_ 작은 아이를 업은 남편

유모차 밀고 선거 나온 여자

이 나를 더 지치게 한다. 과연 내가 가능성이 있는 일을 하는 것인가? 5개월도 채 안 된 갓난아이를 업고 이게 무슨 짓이란 말인가? 마음이 약해진다. 하지만 어쩌겠는가? 기왕 시작한 것 죽이 되든 밥이 되든 최선을 다하는 수밖에 없다.

엄마한테 연락해봐야겠다. 제홍이를 뜨거운 한낮에 계속 데리고 다니는 건 애한테 할 짓이 아니다. 나는 못마땅하게 여겨도 홍이들은 끔찍이 사랑하는 엄마니까 선거운동 기간에 식당 문닫고 올라오셔서 애들 좀 봐달라고 해야겠다. 지홍이 고추에 땀띠 난 사진을 보내면 금세 오실지도 모른다. 엄마가 오시면 제홍이도 아침 내내 핸드폰에 코 박고 만화영화만 보지 않아도 된다. 일단 엄마를 우리 집에 오시게 해야지.

⏰ **5월 23일**

## 엄마가 오셔서 한시름 놓다

오늘은 서울대에서 공부하는 부모들 모임인 맘인스누 이사회와 신문사 취재가 있는 날이다. 모두 선거운동과는 별개의 일이지만 선거 출마 전에 이미 다 계획된 일이라 빠질 수도, 미룰 수도 없다.

지홍이를 데리고 학교에 가서 맘인스누 이사회를 준비했다. 다행히 후배 민아가 와서 지홍이를 비롯해 이사회에 따라온 아이들을 봐주었다. 이사회 말미에 신문사의 기자가 와서 맘인스누 구성원들을 인터뷰했다. 솔직히 이 기자가 '맘인스누의 구성원인 내'가 아니라 '용산구 구의원 후보인 나'를 인터뷰해주면 얼마나 좋을까 하는 생각이 들었다. 속이 좀 보이더라도 그렇게 해달라고 부탁하고 싶은 마음도 들었다. 하지만 일이 그렇게 술술 풀릴 리가 없지. 바라서도 안 되고 기대할 수도 없는 일이었다.

아무튼 이사회는 잘 끝났다. 엄마를 따라온 아이들은 울고, 엄마들은 중간에 젖을 먹이고 아이들과 놀아줘야 했지만, 무사히 마쳤다. 이사회 후 인터뷰를 하고 서울대 중앙도서관으로 이

맘인스누 이사회

유모차 밀고 선거 나온 여자

동해 진행한 사진 촬영도 잘 마쳤다. 학교 일정이 끝나니 4시, 집에 도착하니 5시.

엄마가 와 계셨다. 나올 때는 뒤죽박죽이었는데 깨끗하게 정돈된 집을 보니 시원하게 에어콘 틀어놓고 한숨 자고 싶어졌다. 엄마는 나에게서 지홍이를 낚아채듯 데려가더니 옷을 벗기고 땀띠를 확인한다. "우리 애기, 힘들었지? 할미가 시원하게 해줄게. 엄마가 아야 하게 했어?"

엄마 앞에서 나는 고양이 앞의 쥐 혹은 생모 앞의 계모가 된 느낌이다. 엄마 손이 닿으니 피난길 젖먹이 마냥 꼬질꼬질하던 지홍이가 사골 국물 마냥 뽀얗고 기름져 보인다. 엄마가 오셨으니 홍이들을 더 고생시키지 않아도 된다. 한시름 놓는다.

며칠 전 블로그를 시작했다. 평생 처음 해보는 것이다. 블로그에 선거운동 에피소드를 적는다. 이게 다 스마트폰이 있으니 가능한 일이지. 사진을 찍어 바로바로 블로그에 올린다. 지인들에게 소일거리 삼아 보라고 알렸더니 재미있다고 계속 쓰란다. 이런 말 들으면 또 마음이 살랑인다. 누가 잘한다고, 재미있다고 칭찬 한 마디라도 해주면 진짜인 줄 믿고 열심히 한다. 사실 틈틈이 하는 블로그는 감정의 배출구다. 남편이 선거와 관련된 꼴통 짓—본인은 합리적이며 전략적이라고 믿어 의심치 않는 그

목적성 강한 행위들—할 때마다 엄청 화가 났는데, 블로그에 슬금슬금 폭로하니 속에 쌓인 화가 조금씩 풀어지는 느낌이다.

오늘은 정말 긴~ 하루였다.

## 나를 울컥하게 만든 때 묻은 손

아침 6시에 눈을 떴다. 지홍이 먹일 젖을 유축했다. 새벽이라 입이 깔깔해 뭘 먹고 싶은 생각도 안 든다. 남편은 성당 앞에서 새벽 미사 마치고 나오는 분들에게 명함을 나눠줘야 한다며 양복을 차려입고 먼저 나갔다. 나도 가야 하는데 짜증이 났다. 내가 왜 저 즉흥적인 남자랑 결혼을 해서 이런 막노동 같은 일에 동원이 되어, 신새벽부터 젖을 짜고 아무것도 먹지 못한 몸으로 길거리를 쏘다니며 알지도 못하는 사람들한테 웃는 낯으로 머리를 조아려야 하는지 원망이 들었다.

심술이 나서 옷을 아무렇게나 껴입고 집을 나섰다. 남편이 성당 앞에서 환한 얼굴로 나를 맞아주었다. 그 천진한 웃음을 보니 또 화가 솟구친다. 미사를 마치고 나올 사람들을 기다리는 동안 성당 담벼락에 머리를 쿵쿵 박으며 서 있었다. 남편에게 보내는 메시지였다. '지금 내 심술 게이지 높은 거 보이지. 건드리면 죽는다….' 하지만 남편이 그걸 알아챌 거라고 기대한 내가 바보다. 내 찌푸린 표정은 안중에도 없는 듯 사진을 찍자면서 핸드폰을 들이댄다. 뭐가 그리 신이 났는지 사진을 막 찍고는 잘 나왔다며 보여준다. 들여다보니 욕을 안 할 수가 없다. 내 얼굴은 썩은 바가지 상이요, 제 얼굴은 화안시和顏施다. 그런데 사진 속 남편이 정답게 웃는 미소를 보니 마음이 풀어졌다. 나의 부루퉁한 표정과 대비되어 자꾸 웃음이 나왔다.

청파동성당 앞에서 명함을 다 돌리고 나서, 남편은 명함을 더 돌리러 숙대전철역으로 간다고 했다. 나에게는 배고플 테니 집에 가서 밥을 먹으라고 했다. 마음 약해지게 왜 살뜰히 챙기고 난리야! 집에 왔더니 제홍이는 두루마리 화장지를 다 풀어 살풀이춤을 추고 있고, 지홍이는 엄마 등에 업혀 옹알이를 하는 중이었다. 다크서클이 생긴 엄마는 혼자서 머슴아이 둘을 보기는 어렵다고 했다. 제홍이가 극성맞아서 지홍이도 덩달아 극성을 부린다고 했다. 맞는 말이다. 에너지가 넘치는 큰 녀석은 온 집을 뛰어다니며 춤을 추며 노래를 부른다. 그러니 차라리 밖으로 데리고 다니며 힘을 빼는 편이 나을 것 같다. 토요일이라 어린이집에 못 보내니 참 아쉽다.

아침을 먹고 큰 홍이를 유모차에 태워 동자동으로 걸어갔다. 물론 유모차에 선거 벽보를 붙이고 말이다. 예전 같으면 효창동 우리 집에서 남산 아래 동자동까지 걸어갈 생각은 하지 않았을 것이다. 그런데 선거운동을 시작한 이후 효창동과 동자동이 걸어서 갈 수 있는 범위 안으로 들어왔다. 그것도 유모차를 밀고서 말이다. 상상력의 범위, 아니 보행과 관심의 범위가 넓어진 것이다.

동자동은 서울역 앞 벽산빌딩 뒤에 있는 서울의 대표적 쪽방촌이다. 주상복합 빌딩이 속속 들어서고 있지만 쪽방촌은 여전히 남아 있다. 제홍이는 내내 '곰 세 마리'와 '뽀롱뽀롱 뽀로로' 노래를 부르다 동자동에 도착하니 잠이 들었다. 나는 놀이터에 앉아 있는 주민들에게 명함을 나눠드렸다.

대낮인데도 술에 취한 어떤 분이 나에게 "그동안 한 번도 찾아오거나 해준 것도 없으면서 무슨 표를 바라느냐"고 했다. 다행히 제홍이 유모차를 앞세우고 다녔으니 망정이지 혼자였으면 괜한 시비에 휩싸이거나 봉변을 당했을 것 같은 두려움이 들었다. 며칠 동안 대놓고 명함 버리는 사람, 무시하는 사람, 숙덕거리는 사람 등등 별 사람을 다 봤지만, 술 취해 시비 거는 사람은 없었다. 그런데 오늘 막상 누군가 시비를 거는데, 평소 같으

유모차 밀고 선거 나온 여자

1_ 극명하게 대조적인 나와 남편의 표정
2_ 유모차 밀고 걸어가는 모습
3_ 동자동에서 명함을 돌리는 사이 잠든
 제홍이

삐뚤빼뚤 선거일기

면 "아저씨, 왜 그래요! 지금 시비 거는 거예요?" 하고 괄괄하게 동네 아줌마 포스를 시전했겠지만, 구의원 후보로 나왔다는 사람이 보는 눈도 많은 데서 한 유권자님이 술에 취해 한 말씀 하신다고 꽥! 소리를 지를 수는 없지 않겠는가? 아, 자리가 사람을 만드는구나. 나는 시종일관 웃는 얼굴로 "예, 좋은 말씀 주셔서 감사합니다. 그동안 못했지만, 반성하고 자주 찾아뵙도록 하겠습니다. 계속 지켜봐주세요"라고 답했다. 물론 머릿속에서는 '아저씨, 입에서 악취 나요. 술 냄새, 안주 냄새…. 그나저나 내가 정치에 나올 줄 알았나요? 애 키우면서 대학원 다니느라 내 앞가림도 못하고 사는데 어떻게 이곳까지 와서 봉사활동을 했겠어요?' 별별 소리가 머릿속을 맴돌았지만, 별 수 있나. 술 취해 하는 얘기지만 구구절절 맞는 말씀인 것을.

처음에는 봉변을 당할까봐 겁이 났지만 생각이 여기까지 닿으니 마음이 아팠다. 맨정신이었으면 명함 받은 뒤 눈인사 한 번 하고 말았을 분이, 술기운을 빌려 하고 싶은 이야기를 하는 것이었다. 나한테 하는 말이기도 했지만 정치인들에게 하는 말이자 정치에 대한 기대를 표현하는 것이리라. 큰 권력도 힘도 없는, 삶이 버거운 사람의 말에 마음이 아팠다. 엉겁결에 선거판에 나온 내가 할 수 있는 일이 무엇일까 하는 생각이 든다. 후보자인 내가 할 수 있는 일은 사람들의 말을 들어주는 것밖에 없다. 무력감이 느껴졌다. 손을 잡아 드렸다. 혹시라도 제가 당선되면 마을에 필요한 일을 하는 데 꼭 힘을 보태겠다면서. 거칠고 투박하고 상처가 가득한 주름진 손, 시커먼 때가 묻은 손이 보였다. 뭔가 울컥했다. 고된 노동을 하고 돌아온 아버지의 손을 잡는 느낌. 곰탕집을 하느라 손에 물기 마를 날이 없는 엄마의 부은 손을 잡는 느낌이 들었다.

공원 한쪽에서 최대 야당의 선거운동원이 후보자 이름이 쓰인 파란색 모자와 티셔츠를 입고 돌아다니는 모습이 보였다. 그는 나를 계속 지켜보고 있었다. 주민들과 이야기를 주고받는 걸로 봐서 아무래도 쪽방촌 주민 중에 그 후보 선거운동원으로 활동하는 사람이 있는 것 같았다.

땡볕에서는 사람을 만나기도 어려워 집으로 돌아왔다. 지홍이에게 젖을 먹이고 잠깐 눈을 붙였다. 오후 4시쯤 남편과 둘이서 다시 동자동으로 갔다. 쪽방촌 분들에게 "저 또 왔어요." 하고 인사를 했다. 넉살만 느는 것 같다. 선거운동 내내 매일매일 쪽방촌에 들르고 싶다. 쪽방촌과 후암시장을 다니면서 보니, 여기도 극과 극이다. 프리미엄 주상복합 빌딩과 빈민촌이 공존하는 곳이다. 마치 구룡마을과 타워팰리스가 가까이 있는 것처럼

삐뚤빼뚤 선거일기

빈민촌과 주상복합이 공존하는 후암동 시장 일대

말이다. 밤에는 후암시장 야채가게 앞에 서서 명함을 나눠줬는데 사람들의 옷차림만 봐도 어디에 사는지 분간할 수 있었다. 편안한 홈웨어를 입고 산보도 할 겸 장을 보러 나온 중년 부부는 머리끝부터 발끝까지 정돈되어 있다. 하다못해 후보자인 나를 바라보는 눈빛과 명함을 받는 손의 움직임에도 서투름이 없다. 힐끗 명함을 보고 주머니에 집어넣는 몸짓이 자연스러웠다.

하지만 엄혹한 환경 속에서 억압과 압제가 일상화된 사람들은 전혀 달랐다. 마음이 저렸다. 왜 나는 마음이 저린 것일까? 타인의 불운한 삶을 값싸게 동정하는 것일까? 아니면, 공적 활

유모차 밀고 선거 나온 여자

동에 발을 담그기 위해 상상력의 저변을 확장하며 어떤 이들의 애환을 발판 삼아 애민愛民의 마음을 갖추려는 무의식의 발로인가? 이 마음 저림이 무엇인지 밝히자면 자신을 날카롭게 들여다보며 질문을 던져야 할 것이다. 하지만 그럴 에너지가 없다. 당분간 이 마음의 실체를 파헤치기보다는 그냥 두기로 했다. 이것저것 심란한 것투성이고 더위에 몸도 힘든데 나를 제일 들볶는 것은 언제나 나다. 이런 생각 저런 생각으로 항상 나는 나한테 들볶인다. 그냥 좀 살자. 일단 우선순위를 정해 하나하나 해나가다 보면 답이 보이겠지.

⏰ **5월 25일**

## 이리 뛰고 저리 뛰는, 부부의 메뚜기 유세

지난주 A언니는 사람들 모이는 곳을 찾아가야 한다고 충고했다. 일요일은 교회와 성당에 사람이 모인다. 우선 집 옆 성당에 갔더니 벌써 각 정당의 선거운동원들이 알록달록 차려입고 장사진을 쳤다. 구의원, 시의원, 구청장 후보들이 열심히 악수를 한다. 남편은 그 틈에서 열심히 달리며 명함을 나눠줬다. 나는 소심하게 한쪽 구석에서 명함을 나눠줬다. 생각해보니 비록 일

성당 앞에서 인사하는 남편의 모습

년에 한두 번 나간다고는 하나 내가 세례받은 성당인데 머릿수에 눌려 기도 못 펴고 구석에 서 있을 이유가 없었다. "안녕하세요. 기호4번, 청파성당의 루도비까 서정원입니다." 하고 목소리를 높여 인사했다. 기호와 이름을 알리는 기존 선거운동 방식이 마음에 들지는 않지만, 게임의 룰을 바꿀 힘이 없으니 우선은 이 룰 안에서 살아남아야겠다는 마음이 들었다.

성당에서 유세를 마치고 바로 근처의 대형 교회로 갔다. 입구마다 정당 선거운동원들이 서 있었다. 다른 후보들의 유세 형태를 보니 2인 1조로 팀을 짜 사람이 많이 모이는 곳에 배치해놓았

유모차 밀고 선거 나온 여자

다. 우리 부부처럼 메뚜기마냥 이곳저곳 돌아다니는 유세는 없
다. 땡볕에 청파동 언덕길을 뛰어다니려니 기운이 빠졌다. 삐쩍
마른 몸으로 한 사람에게라도 더 명함을 나눠주겠다고 뛰어다니
는 남편의 모습이 측은해보였다. 나는 한 교회의 후문 앞에 서서
인사를 했다. 작은 문방구의 사장님이 의자에 앉으라고 권하셨
다. 인사를 해야 해서 앉을 수는 없었다. 문방구 사장님은 내 명
함을 자세히 들여다보시며 이런저런 질문을 던지셨다. 부부가
다른 사람 도움 없이 열심히 선거운동하는 모습이 보기 좋다고
하셨다. 교회 예배가 끝나고 한 무리의 사람이 다 빠져나갔다.
아이스크림 두 개를 사서 남편과 나눠먹으며 현수막을 고쳐 달
기 위해 청파시장 입구로 갔다.

구의원 후보는 현수막을 세 개 달 수 있다. 다른 후보들은 업
체에 의뢰해 눈에 잘 띄는 자리에 현수막을 설치해놓았다. 우리
는 돈이 없어서 만들지도 못하다가 지홍이 양육 수당 20만 원이
들어와서 일단 그 돈으로 현수막을 만들었다. 글씨를 빼곡히 채
워서 다른 후보들의 현수막과 차별화했다. 내용 역시 국회의원
급으로 각종 센터 건립 공약이 들어 있었다. 물론 공약의 백미
(?)인 효창공원을 국립묘지로 만들겠다는 내용을 남편이 빼놓았
을 리 없다.

아무튼 청파동에는 직장인이 많이 살고 출근하기 위해 버스를 타고 서울역이나 숙대입구역으로 가는 사람이 많다. 며칠 간 주민들의 출퇴근 동선을 파악한 남편은 사람이 가장 많이 다니는 길목의 횡단보도 가로등에 현수막을 달았다. 그런데 그 길목 양복점 사장님이 우리 현수막 때문에 자기네 가게 간판이 보이지 않는다고 선관위에 민원을 넣었단다. 그래서 현수막을 옮겨 달아야 하는 것이다. 양복점 간판을 가리지 않게 더 높이 달아야 해서 가는 길에 3만 원짜리 알루미늄 사다리를 샀다. 뜨거운 대낮에 맨손으로 두꺼운 현수막 줄을 풀고, 사다리 꼭대기에 올라가 전

사다리에 올라 현수막을
고쳐 다는 남편

유모차 밀고 선거 나온 여자

봇대에 높이를 맞춰 현수막을 달기가 생각보다 쉬운 일이 아니었다. 버스정류장 옆 철제 쓰레기통에 올라가 남편을 거들었다.

문방구 사장님은 우리 부부의 모습이 보기 좋다고 하셨지만, 우리 선거운동의 현실은 땡볕 아래 '노가다'다. 본래 내 태생이 무산계급이니 몸으로 하는 노동이 낯설다고는 할 수 없지만, 그래도 주로 해온 일은 공부인고로 이런 노동이 몸에 익숙하지는 않다. 그런데 나보다 공부한 시간이 갑절이나 많은 남편이 이렇게 힘쓰는 일을 야무지게 하는 모습을 보니 또 새롭다. 공부밖에 못하는 샌님인 줄 알았는데 사다리에 올라가서 현수막을 달 줄도 아니 신통방통하고, 박사학위가 밥을 못 먹여주면 나중에 현수막 장사라도 할 수 있을 것 같아 든든해졌다. 며칠 고되게 노동을 하더니 몸에 근육이 조금 더 붙은 것 같기도 하고.

⏰ 5월 26일
## 용산장애인연대와 공약이행협약을 맺다

수업 때문에 지홍이와 엄마와 함께 학교에 다녀왔다. 내가 수업을 듣는 동안 엄마는 학교 수유실에서 지홍이를 돌보시기로 했다. 수업 중간 쉬는 시간에 젖을 먹이러 갔다. 유축을 해놓았으

삐뚤빼뚤 선거일기

면 엄마랑 지홍이가 집에 있어도 됐겠지만, 몸이 힘들었는지 젖이 줄어 유축할 수 없었다. 오늘은 출석했지만, 다음 주는 결석이 불가피하다. 교수님께 지방선거 출마 소식을 알리고 그로 인해 다음 주에 결석할 거라고 말씀드렸다. 수업 중간 쉬는 시간에 사회대 건물에서 수유실이 있는 보건소까지 뛰어갔다. 이 넓은 학교에 수유실이 겨우 한 군데라 아기를 데리고 학교에 오는 날이면 정말 난감하기 짝이 없다. 열심히 뛰어가 젖을 먹이고 돌아왔지만 수업이 시작된 지 이미 30분이 흘렀다. 내가 지금 뭘 하는 거지? 회의가 밀려오지만 감정에 휩쓸려 낭비할 에너지가 없다. 시작한 일이니 일단 끝내고 보자.

수업을 마치고 집으로 돌아오니 남편이 맞춰놓은 어깨띠가 배달돼 있었다. 노란색에 검은 글씨를 박아 이름이 잘 보였다. 어깨띠를 두르고 선거운동을 나가려는데 용산장애인연대에서 전화가 왔다. 공약이행협약을 맺자고 했다. 내가 구의원이 되면 장애인위원회를 설립하고, 장애인센터를 짓는 데 힘을 보태겠다는 내용이라고 했다. 그렇지 않아도 남편이 쓴 내 공약에 장애인복지센터 건립이 포함되어 있으니 협약하지 못할 것도 없다. 당장 선거사무소인 우리 집으로 오시라고 했다. 내가 가기에는 1분이 아쉬운 마당이기에. 10분쯤 지나 다시 전화가 왔다. 집 근

처까지 왔는데 주변에 길이 좋지 않아 올 수 없으니 나오라는 용
건이었다. 잘 이해가 되지 않았지만 남편과 함께 공용주차장으
로 나갔다. 그제야 상황을 이해할 수 있었다.

찾아오신 분들 중에 중증 장애가 있어서 전동휠체어를 타는
분이 계셨다. 우리 집 주변은 휠체어가 다닐 수 없는 계단 길이
라서 오실 수 없었던 것이다. 나도 유모차를 밀고 이 계단 길을
고생스럽게 다녔는데, 이 길을 아예 다닐 수 없는 분들도 계시다
는 사실을 이번에 알게 됐다. 약자들은 우리가 일부러 차별하려
고 해서가 아니라 사려 깊게 배려하지 못하기에 이런저런 사회

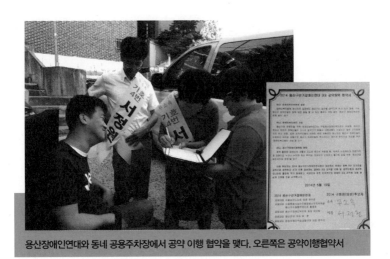

용산장애인연대와 동네 공용주차장에서 공약 이행 협약을 맺다. 오른쪽은 공약이행협약서

삐뚤빼뚤 선거일기

적 배제를 경험하게 되는 것이다. 우리 동네 계단을 만들 때 유모차나 휠체어를 탄 사람에 대한 고려가 없었으니 이렇게 의도치 않은 일이 생기게 된 것이다.

용산장애인연대와 공약이행협약을 맺었다. 내가 장애인 권익을 위해 일하는 입장이라고 가정했을 때 마땅히 요구할 만하고, 수행해야 하는 내용들이었다. 협약 장소는 우리 동네 공용 주차장.

내가 협약서에 서명하는 모습을 지켜본 앞집 범수와 녀석의 친구 무리가 내게 다가왔다. "안녕. 잘 지내니?" 하고 묻자 범수가 고개를 까딱하며 말했다. "아줌마. 안 그래도 엄마한테 얘기 들었어요. 저희가 도와드릴 거 있으면 말씀해주세요." 헉! 겨우 초등학교 5학년짜리 녀석한테 이런 얘기를 듣게 될 줄이야. 우습기도 하고, 도와주겠다는 말에 고맙기도 하다. 나를 모르는 사람들은 기호가 4번이고 무소속에다 젊은 여자인 것을 가지고 나를 우습게 여기거나 함부로 대하는데, 범수는 나를 도와주겠다고 한다. 힘이 나는 일이다. 모르는 이의 무시야 나도 괘념치 않으면 된다. 아는 이, 그것도 어린아이가 알아주니 고마운 일이다. 아이에게 인심을 잃지 않은 것 같아서 흐뭇했다.

"범수야. 아줌마가 구의원 되면 너희가 우리 동네에서 더 즐

유모차 밀고 선거 나온 여자

동네 아이들과 함께 유쾌한
기분으로 찍은 사진

겁게 지낼 수 있도록 노력할게." 나는 선거권도 없는 녀석과 녀
석의 친구들에게 악수를 청하며 함께 사진을 찍자고 했다. 범수
와 나와 범수의 친구와 남편이 저마다 자기가 좋아하는 몸짓과
표정을 하고서 사진을 찍었다. 사진은 범수의 동생 채윤이가 찍
어줬다. 기분이 좋아지는 사진이 나왔다.

## 🕐 5월 27일

## 동네 어르신들의 호출

제홍이를 낳고 휴학을 했다. 학교를 중심으로 살던 나는 효창동에 친구가 없었다. 옆집에 누가 사는지도 몰랐고, 동네에서는 어린아이를 키우는 내 나이 또래를 만나기도 어려웠다. 외로웠다. 어느 날 동네에 '고래이야기'라는 마을 책방이 생겼다. 그 옆에 행복중심생협이 문을 열었다. 제홍이를 키우는 동안 마을 책방에 다니면서 책을 읽고 다른 아이 엄마들도 만났다. 먹을거리와 생활재는 생협을 통해 안심하고 구할 수 있었다. 목말랐던 사회적 필요를 생협과 마을 책방을 통해 해갈할 수 있었다. 좋은 사람들을 만났고 좋은 삶의 방식을 배웠다. 나의 필요를 채워준 이웃들에게 받은 만큼 나누려고 노력한다.

그럼에도 이 두 곳에서 얻은 혜택에 비해 기여하는 바는 미미하다. 대학원 휴학 시절, 동네 아줌마들을 대상으로 '엄마를 위한 논술교실'을 진행한 것, 후원회원인 것, 그리고 생협에서 생활재를 구매하는 것 정도다. 이곳 구성원의 존재가 내게 절실해질 것이라고는 생각해본 적이 없다. 또 그분들에게 무슨 직접적인 도움을 받게 되리라 생각해본 적도 없다. 내 앞가림 정도는 스스로 할 수 있으니 마을에 살면서 누군가에게 도움을 요청할 일이 생길 것 같지는 않았다.

어젯밤 늦게까지 후암시장에서 명함을 돌렸다. 팔다 남은 야채를 떨이하는 상점 앞에 늦게까지 일하고 귀가하는 도시 노동

유모차 밀고 선거 나온 여자

자들의 발길이 머물렀다. 후암시장은 다세대주택이 가득한 동자동과 후암동 주민들이 귀가길에 지나는 길목이었다. 고된 노동을 마친 사람들이나 종일 걸어 다니며 명함을 돌린 나나, 치열하고 고된 하루를 보내기는 마찬가지였다. 우리 부부는 지칠 대로 지쳐 집으로 향하는 400번 버스에 올랐다.

버스 의자에 궁둥이를 붙이고 앉아 있는데 동네 오리 할아버지에게 전화가 왔다. 사실 요즘 세상에 환갑 지난 지 얼마 안 된 분에게 할아버지라고 부르는 게 지나친 감이 없지 않지만, 제홍이가 이분을 할아버지라고 부르니 나도 할아버지라고 부르는 거지 뭐. 그런데 왜 오리 할아버지냐면, 이분은 우리 동네 오피니언 리더(줄여서 오리)이시기 때문이다. 언젠가 마을 사랑방에서 이분과 대화를 나눈 적이 있다. 이때 할아버지가 오랫동안 공기업에서 근무하다 명예퇴직하셨고, 등단 작가이기도 하다는 사실을 알게 되었다. 대화가 참 즐거웠다. 까불며 받아쳐도 될 만큼 이해력과 수용력의 폭이 크고, 총기 없는 애 엄마의 호기심을 끌 만큼 대화도 잘 이끌어가셨다. 흥미로운 분이라고 생각했다. 나중에 제홍이가 자라면 오리 할아버지에게 사진이나 기타를 가르쳐달라고 해야겠다는 마음을 먹고 있었다.

늦은 밤 전화한 오리 할아버지는 내게 마을 사랑방으로 오라

061
삐뚤빼뚤 선거일기

고 하셨다. 피곤해 죽겠는데 무턱대고 무조건 오라시니 욱하고 화가 났다. 빨리 집에 가서 눕고 싶었다. 지홍이에게 젖도 줘야 했다. 하지만 그분은 유권자인데다 우리 동네 오피니언 리더가 아닌가? 나는 지금 선거에 나온 후보다. 마을 어른이 오라시면 응당 가야 한다.

마을 사랑방에는 오리 할아버지 말고도 우쿨렐레 선생님, 대장 아줌마 내외가 계셨다. 이 어른들이 서로 잘 지내는 사이라는 것은 대충 알고 있지만 무슨 일로 나를 보자고 하신 걸까? 대장 아줌마가 나를 반겨주셨다. 찬물을 한 잔 마시는데, 오리 할아버지가 입을 떼셨다. 말씀의 요지는 대략 이렇다. 그동안 마을에 일할 사람이 없어서 걱정을 해왔다. 어른들은 누군가 마을 일에 앞장서주길 기대해왔다. 그러다 별안간 서정원이 구의원 후보로 나왔다는 소식을 들었다. 그래서 우리는 제홍이 엄마를 밀어주자고 뜻을 모았다.

밤늦게 호출한 게 못마땅해 부루퉁한 얼굴을 하고 있던 나는 어안이 벙벙해졌다. 이유를 모르겠다. 이분들이 도대체 왜 나를 지지한다고 하는지. "아유, 저희는 돈이 없어서 선거운동원 없이 저희 둘이서 선거운동해요. 말씀은 감사하지만, 안 그러셔도 돼요." 대장 아줌마가 팔꿈치로 나를 툭 치셨다. "무슨 소리야

유모차 밀고 선거 나온 여자

지금. 우리가 그거, 선거운동원하고 돈 몇 푼 받겠다고 제홍이 엄마 지지하는 것 같아? 이렇게 철이 없어…."

도대체 모르겠다. 그럼 왜 날 지지한다고 하시는 걸까? "왜 저를 지지하시는 거예요? 저 잘 아시잖아요? 동네에서 만날 징징거리면서 남편이랑 싸운 얘기나 하고, 남편 흉보고 다니는데 뭘 보고 저를 지지하세요? 뭐 볼 게 있다고요?" 오리 할아버지가 껄껄 웃으셨다. "제홍이 엄마의 그런 점 때문이지! 구의회 가서도 남 눈치 안보고 바른말 하면서, 해야 할 일 할 수 있을 것 같으니까 지지해. 나는 아무것도 바라는 게 없어. 구의원에 붙어도 떨어져도 상관없어. 나는 내 행복을 위해서 서정원의 선거운동원이 되려는 거야." 눈물이 왈칵 나오려 했다. 대장 아줌마가 말씀하셨다. "인제부터 너는 공인이여. 너를 믿어야 해. 자신감을 가져. 너는 잘할 수 있는 사람이라니까." 빈속에 카페인을 과잉 충전한 것처럼 배가 아프고 손끝이 저리고, 귀 뒤 혈관으로 혈액이 지나가는 소리가 들리는 듯하다.

나에게 정견 발표를 하라신다. "제가 많이 부족한 사람이라는 것을 압니다. 하지만 저를 지지하고 또 이렇게 애쓰겠다고 말씀해주시니 감사합니다. 제가 구의원에 당선이 되면 진심으로 지역의 일을 살피겠습니다. 아이들이 안전하고 행복한 즐거운 마

삐뚤빼뚤 선거일기

을을 만드는 데 힘쓰겠습니다." 이렇게 말한 것 같다.

집으로 돌아왔는데 새벽까지 잠이 오지 않았다. 몸은 몹시 피곤했지만 잠을 잘 수가 없었다. 동네 어른들이 해주신 말씀이 나를 겸허하게 만들었다. 뭔가 마음이 조심스러워지고 경건해진 느낌이다. 나도 나를 못 믿는데 그분들이 나를 믿어주신다니, 뭔지는 모르겠지만 울컥해져 자리에 누워서도 한참을 뒤척거렸다.

결론적으로 잠을 별로 못 잤다. 정신이 멍하고, 꿈꾸는 기분이다. 기계적으로 걸어다니며 명함을 나눠주고 사람들을 만난다.

### ⏰ 5월 28일

## 기특하고 고마운 후배

학부 후배인 민아가 자원봉사를 해주겠다는데 무슨 일을 어찌시켜야 할지 몰라서 덥석 오라고 할 수가 없었다. 그럼에도 민아가 집으로 찾아왔다. 노트북을 들고 와서 이런저런 일을 해주고 갔다. 또 온다고 한다. 밥 사줄 돈도 없는데 걱정이다. 몇몇 후배가 도와주러 온다고 하는데 땡볕에 선거운동 몇 시간 시키자면 하다못해 시원한 음료수라도 사줘야 하는 게 부담스러워 오라

유모차 밀고 선거 나온 여자

는 소리를 못하겠다. 아, 정말 내가 처한 상황은 '찌질함'의 궁극인 듯하다. 심지어 민아는 밤늦게까지 일을 해주고 돌아가는 길에 나한테 맛있는 것을 사주기까지 했다. 애기 젖도 주는데 힘드니까 맛있는 음식 많이 먹어야 한다는 민아의 마음이 기특하고 고마웠다. 하지만 동시에 후배한테 일 시키고 밥 얻어먹는 내 처지가 서글펐다. 물론 서로 그런 걸로 창피해할 사이는 아니지만. 그래도 너무 폼 안 나는 삶이다. 모름지기 선배의 품위는 두둑한 주머니에서 비롯되는 법이 아니던가? 나도 폼 나게 좀 살면 좋겠다. 후배한테 일 시키고 짜장면에 탕수육은 사줄 수 있을 정도만이라도 말이다.

⏰ **5월 29일**

## 선거에서 이기고 싶어지다

동문 커뮤니티 사이트에 글을 썼다. 한 표가 아쉬운 마당에 뭔들 못할까 싶어서, 용산에 사는 동문이 있으면 봐달라고 쓴 것이다. 시장, 시의원, 구청장, 교육감 등 뽑아야 하는 사람이 많아서 정신없겠지만, 가장 말단 기초의원인 구의원 후보도 눈여겨 봐달라고 말이다. 워낙 재기발랄한 글이 많이 생산되고 소비되는 곳이어서 다른 글처럼 내 글도 파묻혀버릴 줄 알았는데, 며칠 사이 많은 사람이 읽고 응원의 댓글을 달았다. 그 댓글을 보는 게 힘이 되었다. 틈틈이 홈페이지에 들어가서 글을 읽었는데 매번 새로운 댓글과 응원이 있었다. 기뻤다.

그런데 사람들은 왜 나의 도전을 응원하는 걸까? 무엇에 반응하는 것인지 궁금하다. 자신들과 별반 다르지 않은 생활인이 패기 충만하게 정치판에 뛰어들어 '똥줄 빠지게' 고생하는 모습이 재미있는 걸까? 아니면 내가 정말 뭔가 의미 있는 일을 한다고 보는 걸까? 소시민, 생활인, 동네에서 애기 키우는 아줌마의 정치 참여를 의미 있는 일로 여기는 걸까? 그래. 어쩌면 의미가 있는지도 모르겠다. 우리 동네에서 아이를 키우는 아줌마인 내가 동네일을 보는 구의원이 된다는 것은 지방자치의 뜻에 닿는 일이니 말이다.

이제 내 선거구의 사람들이 나를 알아보기 시작한다. 종종 나를 찍어주겠다고 말씀하시는 할아버지들도 만난다. 어떤 할아버지는 "내가 우리 식구한테 다 말했어. 서정원 찍으라고. 구의원은 동네 일을 잘할 수 있는 사람을 뽑아야 하는 거야. 아줌마는 합격!" 이런 말을 들으면 몸 둘 바를 모르겠기도 하고 송구스럽기도 하다.

066

유모차 밀고 선거 나온 여자

사실, 대선 투표를 세 번 했는데 처음을 제외하고는 모두 내가 표를 던진 후보가 선출되지 않았다. 내 안의 정치 혐오는 그런 패배의식에서 비롯되었는지도 모른다. 그래서 정치에 관심을 보이거나 에너지를 쓰기보다는 눈 감고 귀 닫고 살았다. 그래서 지방자치나 공천에 대해서도, 그것이 이뤄지는 방식도 잘 몰랐다. 이번에 선거를 치르면서 길에서 만나는 할아버지들로부터 지방자치제도가 무엇이고, 공천이 무엇인지를 배웠다. 길에서 참 많은 것을 배운다. 만나는 사람마다 나에게 많은 것을 가르쳐준다.

　이 선거에서 꼭 이기고 싶다. 물론 져도 미련은 없을 것이다.

길에서 한 할아버지와
얘기하는 모습

삐뚤빼뚤 선거일기

죽어라 열심히 뛰면서 나에게 부끄럽지 않을 정도로 최선을 다한다. 결과에 상관없이 미련은 없을 것이다. 하지만 이왕 선거판에 나온 마당에 이기고 싶다. 이제 구의원이 되면 할 수 있는 일들이 눈에 보인다. 길에서 만나는 사람들이 들려주는 수많은 이야기와 그 이야기에 담긴 누군가의 삶…. 구의원으로 선출이 된다면 그들의 삶이 더 나아지도록 힘을 보태는 일을 많이 할 수 있을 것 같다.

## ⏰ 5월 30일
# 쪽방촌 주민의 기본권과 음모론

현수막을 다시 옮겨 다는 작업을 했다. 숙대전철역 쪽 현수막을 떼서 동자동 쪽방촌에 있는 공원에 붙였다. 공원에 나와 계신 주민 한 분이 소리 내서 현수막 내용을 읽어주셨다. 마치 응원가를 불러주는 듯한 느낌이 들었다. 현수막 옮겨 달기를 마치고 쪽방촌의 사랑방공제조합에 들렀다. 학부 시절 지역사회복지론 수업에서 사랑방공제조합에 대한 내용을 배운 적이 있다. 쪽방촌 주민들이 자력으로 만든 소액 대출 기관인 그곳이 내가 선거를 치르는 선거구 안에 있다는 사실이 뭔가 의미심장하게 느껴졌다.

유모차 밀고 선거 나온 여자

신의 섭리 속에서 이 일이 진행되고 있는 것은 아닌가 하는 생각
마저 들 뻔했다. 다른 선거구의 구의원 후보께서 여기를 꼭 가보
라고 했는데 오늘에야 들르게 됐다.

구의원 후보라며 인사를 드렸더니 또 무슨 서약서 비슷한 것
을 내민다. 공약이행서다. 며칠 전 용산장애인연대와도 맺은 적
이 있어 낯설지가 않다. 내용을 들여다보니 매우 상식적인 요구
들이다. 공중화장실, 공중샤워실, 보건소 설치가 그 내용이다.
사실 너무 기본적인 요구들이어서 왜 후보자들에게 공약 이행을
요구하는 것인지 의아스럽기까지 하다. 구청은 왜 이런 것들을
알아서 해주지 않는 걸까? 이동식 화장실과 이동식 샤워실은 몇
천만 원으로 설치할 수 있을 텐데. 또, 보건 분소 하나 만들어 운
영하는 게 뭐 그렇게 어려운 일일까 싶다. 주민 공동체에서 오랫

동자동 사랑방 공제조합에
서 서약서에 서명하기 전
이야기 나누는 모습

삐뚤빼뚤 선거일기

동안 요구해왔는데도 설치해주지 않는다니 그 이유가 궁금하다.

나름 사회과학을 공부하는 입장이다 보니, 쪽방촌과 그 앞 프리미엄 주상복합 빌딩의 극명한 대비가 눈에 거슬린다. 쪽방촌은 서울역 노숙인들이 자활하는 과정에서 쿠션 같은 기능을 한다고 한다. 쪽방촌으로 들어온 노숙자들은 이곳의 공동체와 값싼 주거비를 통해 재개할 수 있는 기반을 마련한다. 하지만 쪽방촌의 규모가 점점 줄어들고 있다. 대형 건설회사가 땅을 매입해 고층 빌딩을 짓고 있는 게 눈에 띈다.

공부가 많이 부족한 선무당이니 머릿속에 떠오르는 생각은 허구적 음모론에 가깝다. 구 재정에 별 도움이 안 되는 쪽방촌 주민들의 요구를 들어주지 않고 모르쇠로 일관하다가 사람들이 불편을 견디지 못하고 떠나면 거기에 고층 빌딩을 지으려는 속셈? 아, 난 영화를 너무 많이 봤어. 설마 공무원이나 위정자들이 내 상상력처럼 삼류는 아니겠지? 삶의 현장과 이론을 연결하려면 공부를 더 해야 한다. 선거 끝나면 가라타니 고진이나 칼 폴라니의 책이라도 읽어서 교양을 쌓아야겠다. 사람이 교양과 사유가 부족하니 사고의 수준이 용렬庸劣하기 그지없구나.

암튼, 구의원이 되면 쪽방촌 주민의 위생과 보건을 돌보는 일도 중요한 과제로 여겨야겠다.

유모차 밀고 선거 나온 여자

## 교육감 후보들 덕분에 좋은 엄마를 꿈꾸다

오늘은 정말 많이 돌아다녔다. 어린이집에 가지 않은 제홍이를 데리고 나와 효창공원을 한 바퀴 돌았다. 남편이 제홍이 유모차를 밀었고 나는 명함을 나눠주며 인사를 했다. 명함을 가지고 놀던 제홍이도 마음 내킬 때마다 고사리 같은 손으로 한 번씩 사람들에게 명함을 건넸다(아이고, 제홍아! 미성년자 자녀는 선거운동 못 한단다. 너도 돕고 싶은 마음은 알지만 엄마가 선거법 위반하면 쓰겠니?).

효창공원 정문으로 들어가 후문으로 나와서 청파동 언덕길을 타고 배문고등학교, 서울역을 지나 동자동 쪽방촌을 들렀다가 후암시장을 거쳐 숙대 인근을 돌고 귀가했다. 새벽 6시부터 오전 11시까지 이렇게 한 바퀴 돌고, 집에서 쉬다가 오후 1시에 다시 나왔다.

학부생일 때 활동했던 동아리의 후배 박지현 군이 도와주러 왔다. 마침 생협 근처에 녹색장터가 열리는 중이었다. 지현이에게 선거 벽보를 주고 녹색장터에 서 있으라고 했다. 키도 크고 잘생긴 지현이는 벽보를 들고 지나가는 사람들에게 "기호 4번, 서정원입니다"라고 인사를 했다. 지현이와 숙대 앞으로 넘어가 내가 세례받은 성당의 대모님이 운영하시는 분식집에 들렀다. 대모님이 이스라엘 성지순례를 가셔서 대신 가게를 지키던 남편 분은 내가 후보자인 줄도 모르고 "이 사람, 자기 이름 알리려고 나온 거죠?" 하고 물으셨다. 처음엔 나도 말귀를 못 알아듣고는 "그렇대요? 사람들이 그러던가요?" 하고 되물었다. 대모님의 남편께서 "아니, 당신들이 선거운동원이라 물어보는 거예요. 이 사람 이번에 이름 알리러 나온 건지." 그제야 나는 "제가 후보자 인데요. 이름 알리려고 선거에 나오는 사람도 있군요. 저는 남편 때문에 엉겁결에 나온 거예요"라고 말했다. 대모님 남편분께서 무척 당황하면서 사진이랑 실물이 많이 달라 못 알아봤다고 말 씀하셨다. 헉! 그런 말씀은 저를 두 번 죽이는 거라고요….

그나저나 이번 선거 돌아가는 판세가 재미있다. 교육감 선거에 나온 고승덕 후보는 딸의 폭로로 난처해졌고, 조희연 후보는 아들의 글 덕분에 인지도가 상승하고 있다. 이 두 후보의 아버지로서 역할에 대한 자녀들의 입장이 묘한 대조를 이루면서 교육 감 선거가 판세를 읽기 어려운 쪽으로 흘러가고 있다. 인생 잘 살아야지…. 제홍이와 지홍이가 자라서 나를 자랑스러워하고 좋아하면 좋겠다. 요즘은 엄마들이 애들 공부하도록 감시하는 사람쯤으로 여겨지는데, 나는 어지간하면 그렇게 되지 말아야지.

유모차 밀고 선거 나온 여자

우리 집은 남자가 셋이고 여자는 나 혼자라 내가 감시자가 되면 남자들끼리 똘똘 뭉치게 될 것이다. 그럼 인생 외로워지는 거다. 연약한 이미지를 구축해 보호 본능이 일어나서 엄마를 위해 공부하게… 아, 이건 내 신체 조건상 어렵겠다. 나는 건강미가 넘치니까. 아, 정말 별걸 다 걱정하네.

목사님이 페이스북에 나를 지지하는 글을 써주셨다. 흉인지 칭찬인지 모르겠다. 하지만 매우 흡족하다. 모르는 사람이 읽으면 나를 굉장히 엽기적이고 무례한 사람이라고 오해하고도 남을 내용이긴 하지만, 나를 아는 사람이 보면 잘 설명한 글이라 생각할 것 같다. 앞으로 목사님께 잘해야겠다.

⏰ 6월 1일

## 장서 갈등에 끼인 자의 고단함

엄마가 새벽에 화가 많이 난 채 시골로 내려가셨다. 잠옷 바람에 엄마를 따라나서니 두 손에 10만 원을 쥐여준다. 밥 잘 사먹고 다니라면서. 왜 내려가시느냐고 여쭀더니 "너 고생하는 거 생각하면 더 있고 싶은데, 이 서방이 얄미워서 더 있기가 싫다"고 하신다.

골치가 아프다. 엄마는 사위와 장모 관계에 대한 기대가 컸다. 그런데 내 남편은 결혼 초부터 부끄럽다며 장모에게 전화도 못 거는 위인이었다. 장모님 소리도 간신히 하고, 계절이 바뀌거나 각종 기념일에 전화하라고 하면 온갖 핑계로 미루다가 결국 시기를 놓치기 일쑤였다. 그러니 마음의 표현을 중요하게 생각하시는 엄마는 사위에 대한 서운함이 많이 쌓여 있었다. 혼자서 작은 식당을 운영하느라 우리 집에 와서 이번처럼 오랫동안 계신 건 처음이었다. 엄마는 우리 집에 머무는 동안 완전 채식을 하는 사위가 다른 가족에게 고기, 생선, 달걀, 우유를 못 먹게 강요하는 모습에 "질렸다"고 하셨다. 특히 성장해야 할 제홍이와 지홍이에게 만날 푸성귀만 먹이는 게 화가 나셨다고 했다. 장모가 와서 애들 봐주고 살림도 해주는데, 아무리 선거운동하느라 바쁘다지만 고기 한 근 끊어오지 않는 사위가 괘씸하다며 다시는 우리 집에 안 오겠다고 하셨다.

아. 답답하다. 고지식하고 융통성 없는 남편도 갑갑하고, 그렇다고 식전 댓바람부터 보따리 싸서 떠나는 엄마도 똑같다. 몸에 사리가 생길 판이다. 평정심을 찾자. 이너 피스Inner peace, 이너 피스~. 엄마는 홧김에 맘에도 없는 소리를 하시는 것이려니 할 수 있다. 며칠 지나면 제홍·지홍이 보고 싶다며 영상통화를

유모차 밀고 선거 나온 여자

걸어오실 게 분명하다. 하지만 남편은 하루아침에 바뀌기 어렵다. 속상해한들 내 힘만 빠진다.

일요일이라 당장 두 홍이를 데리고 선거운동을 하러 나섰다. 제홍이는 유모차에 태우고 지홍이는 아기띠로 업고 다니며 유세를 했다. 까마득한 학부 후배인 진석 군이 내가 선거에 출마했다는 소식을 듣고 사진을 찍어주러 왔다. 알고 보니 이 청년은 사진을 매우 잘 찍는 친구였다. 오전에 우리 가족을 따라다니며 찍어준 사진을 오후에 보내줬는데, 사진 속 우리 부부는 환하게 웃

우리 부부의 사진을 찍어주는 후배 진석

고 있었다. 속은 타들어가는데 이렇게 환하게 웃다니…. 우리는 연기력이 완벽한 쇼윈도 부부이거나 속이 없는 사람들인 게 분명하다.

 **6월 2일**

## 체력 방전, 기댈 곳이 필요하다

엄마가 내려가시고 나니 기운이 빠진다. 체력적으로 지친 상태인 데다 마음도 가라앉는다. 남편이나 나나 기운 빠진 허깨비 같다. 오전에는 비가 흩날리더니 날이 흐렸다. 기뻤다. 덥지 않아서. 다시 빗방울이 굵어졌는데, 이 또한 기뻤다. 비를 핑계로 쉴 수 있을 것 같아서. 하지만 우리는 숙대입구역 계단에서 비를 피하며 선거운동을 했다.

점심 즈음에 금산에 사는 둘째 시동생이 우리를 도와주러 왔다. 정말 기뻤다. 에너지가 소진된 상태라 우리 둘만의 힘으로 선거운동을 하다가는 쓰러지기 일보 직전이다. 누군가가 옆에 있어서 그 사람에게 기대고 힘을 얻어야 더 나아갈 수 있을 것 같다. 누구라도, 어떤 사람이라도…. 사람의 존재가 참 중요한 것 같다.

유모차 밀고 선거 나온 여자

둘째 시동생과 남편의 선거운동

구의원에 출마한 이후로 가족과 지인의 도움과 지지를 많이 받았다. 알지 못하는 사람들의 응원도 받았다. 하지만 아주 절친한 사람 몇은 내가 정치에 입문하려는 것을 윤리적으로 타락해가는 과정처럼 여기기도 했고, "고작 서른 몇 살"에 "간땡이가 부었다"는 얘기도 들었다. 상처가 되지는 않았다. 그 사고의 틀을 이해하기 때문이었다. 나 역시 어떤 면에서 그렇게 생각해왔기 때문에 그러려니 할 수 있었다. 선거를 시작할 때는 남편의 의지를 따라 한번 해보는 게임 정도로 생각했지만, 선거운동을 하면서 나는 진심으로 이기고 싶어졌다. 구의원이 되고 싶은 마음이 커졌다. 꼭 되고 싶다. 구의원이 되면 채울 수 있는 사람들의 필요를 보았고, 누군가 반드시 관심을 기울여 도움을 줘야 하는 영역도 보였다. 나는 그 일이 하고 싶어졌다. 그런데 기운이 달린다. 이렇게 체력이 완전히 방전되어 혼자 설 힘이 없을 때 그들이 옆에 있으면 몸을 기댈 수 있을 텐데….

기진맥진해 있을 때 둘째 서방님이 와서 큰 힘이 된다. 대신 유모차도 밀어주고, 이것저것 대신해주니까 쉴 시간도 생긴다. 저녁에는 서방님이 애호박 부침개를 부쳐줘서 맛있게 잘 먹었다.

아, 오늘 MBN과 인터뷰를 했다. 평소 MBN을 안 보기도 하고, 뉴스를 볼 시간도 없어 못 봤는데 아쉽다. 하지만 내용이 나를 잘 알릴 만한 것은 아니었다. 독특한 후보 중 한 명을 소개하는 인터뷰였다. 유세 기간이 얼마 남지 않아서 이런 내용이 방송에 한 꼭지 나온다 해도 파급력은 별로 크지 않을 것 같다.

## ⏰ 6월 3일

# 분노 속에 마친 선거운동

하루 종일 비가 왔다. 선거운동 마지막 날인데…. 7시 30분에 숙대입구역으로 내려갔는데, 벌써 한 팀이 자리를 잡고 있었다. 현 구청장이기도 한 제1야당의 구청장 후보다. 구청장을 중심으로 남자 둘은 뒤에서 큰 사진을 들고 서 있고, 또 다른 남자 둘은 명함을 나눠줬다. 구청장은 가운데서 인사를 하며 사람들에게 악수를 청했다.

남편과 시동생은 각자 출구를 하나씩 맡았고, 나는 구청장 유세 팀 앞쪽에 유모차를 세워놓고 선거운동을 했다. 그 팀의 선거운동원인지 사무장인지, 한 사람이 나한테 와서 "애는 어쩌려고 선거에 나왔어요?" 하고 물었다. 그 정황과 맥락이 매우 불편했기 때문에 '당신이 키워줄 것도 아니면서 무슨 상관이죠?' 하고 쏘아주고 싶었지만, 나도 후보자로서의 품위가 있는지라 "더 잘 키우고 싶어서 나왔어요." 하고 대답했다.

괜히 열에 받쳤다. 현 용산구청장만 아니었어도 내가 선거에 나올 일은 없었다. 남편이 마을 일에 관심을 두게 된 게 주민의 복지에 관심 없어 뵈는 현 구청장 때문이다. 성심여자중고등학교 앞에 마사회의 도박장 입점이 된 뒤 조용히 자기 일 열심히 하며 살다가 분연히 일어난 사람이 남편 외에도 꽤 된다. 그뿐 아니라 각종 수의계약 등 시끄러운 일이 많았다. 그런데도 저 사람은 다시 구청장이 될 가능성이 높아 보인다. 여당이 공천한

뻬뚤뻬뚤 선거일기

후보가 지역 출신이 아니고, 제1야당의 서울시장 후보인 박원순 씨 인기가 높아 도매금으로 투표용지에 계속 2번을 찍는 사람이 많을 것이기 때문이다. 유세하면서 사람들을 만나보니, 공약이나 인물을 보기보다는 아직 정당을 보고 뽑는 사람이 많은 것 같다. 지방선거처럼 뽑을 사람이 많으면 쭈르륵 같은 번호를 찍는다는 것이다.

　지홍이가 탄 유모차 옆에서 목청껏 소리를 질렀다. "구의원 후보로 나온 동네 아줌마 기호 4번, 서정원입니다. 한 표 부탁합니다!" 내가 저 사람보다 못한 게 뭔가? 여자인 것, 재산이 적은 것, 나이가 어린 것이 문제인가? 저렇게 철학도 비전도 없이 구정을 운영하며 불나방처럼 권력의 빛을 좇아가는 사람이 나와 내 아이들의 삶에 영향을 미치도록 놔두고 싶지 않다. 결혼 전 성공회성당을 다닐 때 신부님께 어떤 사람이 선한지 그렇지 않은 지를 어떻게 판단할 수 있느냐고 질문한 적이 있다. 신부님은 그 사람의 열매를 보고 알 수 있다고 하셨다. 나는 선거를 치르면서 보았다. 몇천만 원이면 해결할 수 있는 쪽방촌 공중화장실과 샤워실을 몇 년 동안 요청해도 들어주지 않는 것과 장애인들의 당연한 요구와 필요가 충족되지 않는 현실을 말이다. 그리고 온갖 비류가 모여드는 도박장이 여중고 앞에 들어서도록 허가한

유모차 밀고 선거 나온 여자

것은 너무도 저열하다. 나는 저런 사람을 지역의 지도자로 인정할 수가 없다. 인정하고 싶지 않다.

냉정하게 봤을 때, 내 욕망의 크기는 저 사람의 욕망에 비해 작다. 저런 사람을 지도자로 인정하고 싶지 않은 내 욕망은 저 사람이 구청장이 되고자 하는 욕망보다 크지 않다. 그런 고로 저 사람이 이길 것이다. 저 사람은 자신의 욕망을 이루기 위해 많은 자원을 동원할 능력과 의지가 있으니 말이다. 결국 이번에도 저 사람의 욕망이 이뤄질 것이다. 마음이 무겁다.

## ⏰ 6월 4일

### 내가 나를 찍다니!

늦잠을 잤다. 이게 얼마 만의 늦잠이란 말인가? 11시쯤 혼자 가서 투표를 하고 왔다. 내가 나를 찍다니. 별걸 다 해본다. 홍이들을 데리고 휘경동 채식뷔페에 가서 영양을 보충했다. 그리고 유모차를 밀며 가회동과 삼청동 일대를 실컷 돌아다니다 광화문 KT 건물 파라솔에서 애들이 자는 동안 나도 좀 졸았다. 제홍이와 지홍이가 깨고 나서는 광화문 광장에서 뜀박질하다가 다시 유모차를 밀고 집까지 슬슬 걸어왔다. 선거 기간에 하도 걸어다

넜더니 이제 광화문에서 집까지 걷는 건 일도 아니다. 놀랍다.

개표방송을 보는데 구의원 개표 상황은 자막으로나 가끔 나온다. 피곤해서 그냥 자야겠다. 내가 구의원에 당선된다면 좋겠지만, 뭔가 기적이 일어날 것 같은 분위기는 아니다. 300표만 나오면 좋겠다.

## ⏰ 6월 5일

## 낙선 결과 받아들이기

아침에 일어나서 결과를 확인했는데 4명 중에 4등이다. 남편은 새벽에 확인했는지 일어나지 않고 계속 잔다. 홍이들을 혼자 건사하는 게 힘들어서 깨웠는데도 안 일어난다. 승리를 확신했다며 낙선을 받아들일 수 없다고 한다. 그래도 1,700표 조금 넘게 득표했다. 어떤 사람들이 날 찍었을까 궁금하다. 득표율이 8.7%라서 선거비용을 한 푼도 보전받지 못하게 생겼다. 10%만 돼도 절반은 돌려받는데, 씁쓸하다. 기탁금을 포함해 500만 원 조금 안 되게 썼으니 모르긴 몰라도 나는 선거비용 가장 적게 쓴 후보 중에 하나일 거다.

어휴, 남편 마음까지 일으켜 세울 자신은 없어서 더 자라고

| | |
|---|---|
| **당선** | **당선을 축하합니다**<br>김정재<br>기호1번 새누리당<br>득표수 8,483표 |

**1위 당선** ▐▐▐▐▐▐▐▐▐▐ **42.8%**

| | |
|---|---|
| **당선** | **당선을 축하합니다**<br>황금선<br>기호2-가번 새정치민주연합<br>득표수 6,060표 |

**2위 당선** ▐▐▐▐▐▐▐ **30.6%**

이재오
현재3위 | 새정치민주연합 | 기호2-나번
▐▐▐▐ **17.9%**

서정원
현재4위 | 무소속 | 기호4번
▐▐ **8.7%**

개표 결과 4등으로 낙선했다.

됐다. 결과를 빨리 받아들이고, 일상을 또 살아야 한다. 우린 부모니까. 내가 의욕이 없으면 애들한테 나쁜 영향이 간다. 훌훌털고 일어나야지. 남편한테 뭐라고 하려다가 참았다. 말해야 내힘만 빠지니까.

　제홍이를 어린이집에 데려다주고 선거 후유증에서 빨리 벗어날 방법을 찾았다. 일단 외상으로 처리한 인쇄비 대금부터 갚아야 했다. 집에 돈 될 만한 게 뭐가 있을까 생각해보니, 노트북 2대

**금반지 팔러간 모습**

와 홍이들 금반지가 있었다. 하지만 노트북을 팔면 종자를 파는 것이나 다름이 없다. 논문이나 간혹 요청받는 글을 쓰기 위해서는 가지고 있어야 한다. 팔아봤자 20만 원 정도 받아야 잘 받는 것일 테고…. 결국 금반지만 팔았다. 금값이 떨어져 3개를 팔았는데 50만 원도 안 된다. 금반지 사주신 엄마와 시아버지께 죄송한 마음이 들었다. 어쨌든 통장 잔고도 탈탈 털어 100만 원을 만들어서 인쇄소에 보냈다. 이제 갚을 돈은 37만 원만 남았다.

주변 사람들이 걱정할까봐 일부러 먼저 전화를 걸었다. 힘들어 죽는 줄 알았다고 너스레를 떨고, 혹시 누구 정치병 걸린 사람 있으면 정신 차리게 해줄 테니 나한테 보내라고 했다. 엄마에게도 전화를 걸었다. 수고 많았다고, 고생했다고, 털고 일어나라고 말씀하셨다.

유모차 밀고 선거 나온 여자

# 낙선사례로 선거 후유증 털기

동네 곳곳에 '당선사례'가 붙었다. 볼 때마다 입안이 시큼털털했으나 '부러우면 지는 거다'라는 마음가짐으로 정신 승리를 이루려는데 남편이 말했다. "여보, 우리 낙선사례를 붙입시다. 뭔가 이 선거 후유증을 털어버리는 의식을 치르고 싶어."

　폐막식이나 폐회선언처럼 이제 우리가 이 게임을 종료한다는 의식이 필요할 것 같았다. A4 용지에 낙선 사례 100장을 인쇄해 우리가 다니던 선거구 곳곳을 다시 한 바퀴 돌았다. 선거 블로그에도 감사의 글을 올렸다. 이제 정말 끝이다. 아듀, 6.4 지방선거.

낙선사례 붙이다가 한 컷

# 2

## 옥신각신
## 선거운동

4. 서정원

**나의 선거운동은** 말 그대로 주먹구구, 막무가내였다. 선거운동의 생리도, 육하원칙도 몰랐다. 그래서 어쩌면 여기서 소개하는 내용은 '이렇게 하면 망한다'는 일종의 경고일지도 모른다. '무지'는 부끄러운 것이다. 그리고 무지했던 것은 내 책임이다.

실패의 경험으로 나는 몇 가지 지식을 얻었다. 선거에 임할 때 어떻게 유권자를 파악하고 공약을 만들며, 홍보물을 디자인하고 홍보 전략을 세우는지, 또 시간을 어떻게 효율적으로 사용해야 하는지 말이다. 이 글을 읽는 분 가운데 누군가 선거에 출마한다면 나와 같은 실수는 하지 않기를 바란다. 내 무지와 실패

경험이 공공재가 되면 좋겠다. 개인적으로는 부끄럽기 그지없지만, 내 실패를 반면교사 삼아 선거에 필요한 요소를 충분히 섭렵하고 여러 시나리오를 세워 상황에 맞게 잘 대처하기를 바란다.

## 선거구 유권자를 다각도로 분석하라

글을 쓸 때 우선적으로 고려할 것은 '독자가 누구인가'라는 점이다. 독자가 원하는 내용을, 흥미로운 방식으로 전달하는 것이 글 쓰는 이가 가장 염두에 둬야 하는 요소다. 내 글의 독자는 누구인가? 대학원생 입장에서는 당연히 교수님이다. 학식이 높은 교수님께 보여드리기 부끄럽지 않은 글을 쓰고자 노력하지만, 늘 싸고도 시원하지 않은 얇은 똥처럼 글을 길게 뽑아내기만 한 것은 아닌지 마음 졸이는 시간이 많았다.

구의원 후보로 출마한 순간 나의 독자는 유권자였다. 유권자가 원하는 메시지를 그들이 원하는 방식으로 전달해야 했다. 유권자를 파악하기 위해 우선 내 지역구의 인구수를 성별과 연령대에 따라 파악해보기로 했다. 자료는 구청 홈페이지에서 '인구현황'이라고 검색하면 얻을 수 있다.

| 행정동 | 인구수 | | | 세대 수 | 세대당 인구 | 65세 이상 인구수 |
| --- | --- | --- | --- | --- | --- | --- |
| | 계 | 남 | 여 | | | |
| 합계 | 237,652 | 115,448 | 122,204 | 108,796 | 2.18 | 34,268 |
| 후암동 | 19,307 | 9,574 | 9,733 | 8,723 | 2.21 | 2,695 |
| 용산2가동 | 12,242 | 5,957 | 6,285 | 5,850 | 2.09 | 1,913 |
| 남영동 | 8,022 | 4,900 | 3,122 | 5,301 | 1.51 | 1,349 |
| 청파동 | 22,192 | 10,692 | 11,500 | 11,104 | 2.00 | 2,937 |
| 원효로제1동 | 13,197 | 6,493 | 6,704 | 5,958 | 2.22 | 1,534 |
| 원효로제2동 | 15,565 | 7,335 | 8,230 | 6,001 | 2.59 | 2,048 |
| 효창동 | 11,187 | 5,451 | 5,736 | 4,441 | 2.52 | 1,498 |
| 용문동 | 12,860 | 6,247 | 6,613 | 5,151 | 2.50 | 1,725 |
| 한강로동 | 14,987 | 7,486 | 7,501 | 7,643 | 1.96 | 2,559 |
| 이촌제1동 | 26,766 | 12,448 | 14,318 | 9,690 | 2.76 | 3,588 |
| 이촌제2동 | 9,788 | 4,705 | 5,083 | 4,165 | 2.35 | 1,586 |
| 이태원제1동 | 8,034 | 3,768 | 4,266 | 4,280 | 1.88 | 1,445 |
| 이태원제2동 | 10,546 | 4,871 | 5,675 | 5,242 | 2.01 | 1,828 |
| 한남동 | 22,390 | 10,702 | 11,688 | 11,534 | 1.94 | 3,182 |
| 서빙고동 | 13,760 | 6,629 | 7,131 | 5,352 | 2.57 | 1,908 |
| 보광동 | 16,809 | 8,190 | 8,619 | 8,361 | 2.01 | 2,473 |

출처: 용산구청 홈페이지, 주민등록 인구 현황

내 지역구의 인구는 4만 1000여 명이고, 그중 남성은 2만 700명,
여성은 2만 300명이다. 연령별 구분은 아래 표와 같다. 생애 주

유모차 밀고 선거 나온 여자

**| 기초의원선거 '가 선거구'의 연령별 인구 현황**

| 연령대 | 인구 수 |
|---|---|
| 0~10 | 2,602 |
| 11~20 | 4,046 |
| 21~30 | 6,638 |
| 31~40 | 6,990 |
| 41~50 | 7,218 |
| 51~60 | 6,439 |
| 61~70 | 3,880 |
| 71~80 | 2,690 |
| 81~90 | 706 |
| 91~100 | 145 |
| 100+ | 47 |
| 총 인구수 | 41,354 |

출처: 용산구청 홈페이지, 연령별 인구 현황 재구성

기적 관점에서 각 연령대별로 성취할 과업과 그에 따른 삶의 필요는 각기 다르다. 이것을 고려해 내가 각 연령대의 유권자를 바라본 관점은 대략 이러했다.

우선, 20세 이전까지는 투표권이 없지만 그들의 부모에게 투표권이 있으므로 간과할 수 없다. 이 연령대는 대부분 학교에 다니기 때문에 부모들의 최대 관심사는 보육 및 교육 문제다. 그렇다면 마을, 지역사회 차원에서 이 문제에 어떻게 접근할 수 있을

옥신각신 선거운동

까? 용산구는 빈부 격차가 아주 큰 지역이다. 한남동 UN빌리지부터 동자동 쪽방촌까지 생활수준에 따라 보육 및 교육 문제에 대한 필요가 다르다. 내 지역구인 효창동과 청파동은 주로 생활수준이 중간 정도인 사람들이 산다.

20대는 학생, 구직자, 직장인 신분이다. 가족과 같이 사는 이들도 있겠지만 1인 가구일 가능성도 높다. 또 마을에 뿌리내리고 살기보다 '잠만 자고' 직장과 학교로 가는 경우가 대부분이다. 자기 집을 소유했을 가능성은 희박하고, 전세 세입자도 드물 것이다. 월세 세입자가 많을 것이다. 마을에서 하는 활동이나 생활에 연결고리가 거의 없으므로 구의원 후보가 누구이든 간에 관심을 기울이지 않을 가능성이 높다. 하지만 박원순 시장을 지지하는 이들이 많으니 투표할 가능성은 높다. 이들의 마음을 끌 방법은 무엇일까?

30대는 결혼해서 어린 자녀를 기를 가능성이 높다. 일단 자녀를 낳아서 기르게 되면 마을과 학교에 뿌리내리고 살게 된다. 생활과 교육이 마을에 기반을 두기 때문에 보육 관련 문제에 관심이 많다. 이들과 나는 30대이고 자녀를 낳아 기른다는 공통점이 있다. 나를 지지할 가능성이 가장 높은 연령대다.

40대는 주로 중학생 이상의 자녀를 기르는 시기다. 교육에 대

한 관심이 높다. 마을에서 어느 정도 터를 일구고 살며 각종 친
목회와 학부모회 등의 활동에 참여한다. 조기축구회나 배드민턴
회, 산악회 같은 친목 모임에서 활발히 활동한다.

50대 이상은 잘 모르겠다. 이분들과 어떻게 만나야 할지, 어
떻게 나를 알려야 할지도 모르겠다. 나한테 관심을 보일 것 같지
도 않다.

어린 자녀를 키우는 30대 여자 후보에게 호감을 보일 유권자
는 누구일까? 나처럼 어린 자녀를 키우는 사람들은 동질감을 느
낄 수도 있다. 또 학령기 자녀가 있어 교육 문제에 관심이 높은
사람들도 나를 눈여겨볼지 모른다. 그러므로 나는 20대부터 50대
까지를 주 공략 목표로 잡았다.

 **이랬다면** 어땠을까?

나는 유권자 분석을 할 때 지역구 인구의 성별, 연령대만
간략하게 살펴보았다. 그런데 사전에 출마 계획이 있었다
면, 아래의 인구학적 특성, 사회경제적 측면, 정치 성향을
고려해서 보다 자세한 분석을 시도했을 것이다.

옥신각신 선거운동

인구학적 특성: 연령, 성별, 교육, 직업

사회경제적 측면: 수입, 재산, 생활양식, 지역사회 활동 등

정치 성향: 진보, 중도, 보수

대선이나 총선에 앞서 여론조사 기관들은 대규모 조사
를 벌여 유권자의 연령, 지역, 지지 후보, 핵심 이슈, 정치
성향 등을 요약하고 각 변수 간의 관계에 대해서도 간략하
게 정리해놓는다. 2012년 한국갤럽에서 조사한 '유권자의
정치적 이념 성향과 대선 지지 후보' 관련 자료를 보자.

| 2012년 6월 정치적 이념 성향-지지 후보, 지지 정당별 (단위: %)

| 구분 | | 사례수(명) | (매우+약간) 보수적 | 중도적+ 무응답 | (매우+약간) 진보적 |
|---|---|---|---|---|---|
| 전체 | | 6,728 | 32 | 39 | 29 |
| 지지 후보별 | 김두관 | 114 | 21 | 34 | 45 |
| | 김문수 | 85 | 44 | 32 | 24 |
| | 문재인 | 747 | 13 | 31 | 56 |
| | 박근혜 | 2,508 | 49 | 37 | 14 |
| | 손학규 | 132 | 25 | 42 | 34 |
| | 안철수 | 1,455 | 20 | 35 | 45 |
| | 정몽준 | 176 | 43 | 30 | 27 |
| | 모름/무응답 | 1,448 | 25 | 51 | 24 |
| 지지 정당별 | 새누리당 | 2,310 | 56 | 33 | 11 |
| | 민주통합당 | 1,590 | 19 | 35 | 46 |
| | 통합진보당 | 226 | 7 | 21 | 72 |
| | 선진통일당 | 30 | 45 | 29 | 26 |
| | 모름/무응답 | 2,500 | 22 | 49 | 30 |

유모차 밀고 선거 나온 여자

## | 주요 대선 후보 지지자별 국가 목표 우선 순위

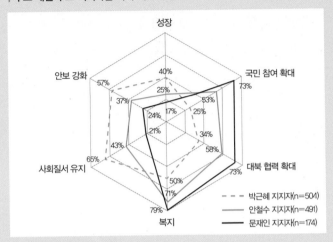

성장

국민 참여 확대
73%

안보 강화
57%
37%

40%
25%
53%
24% 17% 25%
21% 34%
58%

대북 협력 확대
73%

사회질서 유지
65%
43%

50%
71%

복지
79%

- - - 박근혜 지지자(n=504)
—— 안철수 지지자(n=491)
—— 문재인 지지자(n=174)

## | 2012년 6월 정치적 이념 성향−응답자 지역별, 연령별

(단위: %)

| 구분 | | 사례수(명) | (매우+약간)<br>보수적 | 중도적+<br>무응답 | (매우+약간)<br>진보적 |
|---|---|---|---|---|---|
| 전체 | | 6,728 | 32 | 39 | 29 |
| 지역별 | 서울 | 1,401 | 33 | 38 | 29 |
| | 인천/경기 | 1,912 | 31 | 39 | 31 |
| | 강원 | 206 | 35 | 43 | 22 |
| | 대전/충청 | 680 | 32 | 40 | 28 |
| | 광주/전라 | 690 | 23 | 41 | 36 |
| | 대구/경북 | 697 | 42 | 37 | 21 |
| | 부산/울산/경남 | 1,068 | 35 | 39 | 27 |
| | 제주 | 74 | 35 | 36 | 30 |
| 연령별 | 19~29세 | 1,244 | 22 | 39 | 39 |
| | 30대 | 1,387 | 24 | 37 | 40 |
| | 40대 | 1,480 | 31 | 35 | 34 |
| | 50대 | 1,265 | 42 | 37 | 21 |
| | 60세 이상 | 1,352 | 43 | 46 | 11 |

이런 이념 성향 분석 외에도 유권자를 여러 측면에서 분석한 자료들을 어렵지 않게 구할 수 있다. 그런 자료를 십분 활용해 공략하려는 유권자를 세분화하고 그들의 관심을 끌 공약을 만들어야 한다. 가령 공략하는 유권자가 70대 이상의 빈곤 노인이라면, 나는 '홀로 사는 어르신들의 건강을 위한 따뜻한 도시락 배달' '말동무와 함께하는 나들이 프로그램 도입' 등과 같이 노인들의 실질적인 필요를 반영한 공약을 만들었을 것이다. 다른 예로 중산층 40대 여성을 공략하고자 한다면, 초·중·고 자녀의 교육 환경 개선에 대한 내용을 반드시 넣었을 것이다. 중산층은 교육을 통해 자신의 사회경제적 지위를 대물림하려는 욕구가 강해 자녀 교육 문제가 선거에서 그들의 주 관심사이기 때문이다.

## 공약은 유권자의 생애 주기별 필요에 맞춰 세우라

어설프긴 했으나 내 나름대로 유권자를 분석해 구의원이라면 할 수 있겠다고 생각한 것들을 공약으로 만들었다. '두 아이 엄마'

와 '아줌마'라는 나의 정체성을 내세우면서 '삶터-배움터-놀이터-일터'로 분류해 아이들, 아이를 기르는 엄마, 마을에 사시는 노인층을 공략하려고 했다. 그런데 막상 내 공보와 명함, 현수막에 쓰인 공약은 내가 만든 것이 아닌 황당하기 짝이 없는 내용들이었다.

| 내가 만든 공약 | 남편이 만든 공약 |
|---|---|
| "두 아이의 엄마의 행복한 삶터, 배움터, 놀이터 만들기" | 1. **효창운동장을 주민의 품으로**<br>효창운동장을 녹지화하고 주민들을 위한 문화복합공간으로. |
| 1. **아이부터 어르신까지, 안전한 삶터**<br>마을은 삶의 터입니다. 안전한 골목, 유모차가 다닐 수 있는 거리, 아이들을 건강하게 키울 수 있는 환경을 위해 일하겠습니다. 경마장 건립을 반대하고, 도서관을 세우는 데 앞장서겠습니다. | 2. **효창공원 독립운동가들의 무덤을 국립묘지화**<br>조국을 위해 목숨을 바치신 독립운동가들을 위한 최소한의 의무입니다. 물론 주민들의 공원 이용은 현재와 같이. |
| 2. **마을과 지역이 하나로 묶인 배움터**<br>사교육에 의존하지 않고, 아이를 키울 수 있는 배움의 공간을 창조하겠습니다. 대학과 연계한 멘토링, 부모 네트워크를 통한 교육 컨텐츠의 공유, 시민 학습 공동체의 활성화를 위한 조례를 제안하겠습니다. | 3. **(구)용산구청을 복합문화도서관으로**<br>우리의 자녀들, 노인들, 장애인을 위한 공간이 되어야 합니다. 독서, 음악, 미술, 무용, 전시, 연극을 할 수 있도록. |
| 3. **마을 구석구석이 즐거운 놀이터**<br>작은 도서관, 마을 사랑방의 활성화를 위한 지원 조례를 만들어 마을마다 도서관과 사랑방이 활성화되도록 애쓰겠습니다. | 4. **장애인복지위원회 설립**<br>장애인을 위한 복지센터를 건립하고, 장애인체육회를 설립해야 합니다. |
| 4. **마을과 지역의 보람 있는 일터**<br>어르신들의 인생 이모작을 위한 일터를 지역과 마을에 만들 수 있는 방안을 찾겠습니다. | 5. **노인복지, 평생학습관 설치**<br>노인들을 위한 평생교육시설을 (구)용산구청에 설치하겠습니다. |

옥신각신 선거운동

그것은 내 공약이 아니라 남편의 공약이었다. 사실 애초 남편은 공약에 나름의 메시지를 담아 전하려고 구의원 선거에 나가려고 했다. 그러나 이를 만류하는 과정에서 얼떨결에 내가 후보가 되었다. 하지만 공약은 여전히 남편의 것이었다. 선거운동 초기에 나는 어안이 벙벙해 사태 파악을 못한 상태였다. 하지만 시간이 흐르면서 뭔가 불편했다. 그래서 남편에게 말했다. "공약이 이상해~. 사람들이 싫어할 것 같아." 남편은 말했다. "여보, 사람들이 공약을 보고 효창공원에 대해 다시 생각할 수 있다면, 나는 그것만으로도 충분히 가치가 있다고 생각해요. 독립운동가들께서 묻힌 곳이 아니라면 도대체 어디가 국립묘지가 되어야 하겠어요? 나는 가가호호 전달되는 선거공보를 통해 그 메시지를 전달하는 것만으로도 좋은 기회가 주어졌다고 생각해요."

당시 나는 선거에 대해 까막눈이어서 강하게 반대할 근거도 의지도 없었다. 순수한 사내가 이렇게 간절한 뜻을 품었으니 그냥 넘어가도 좋겠다고 생각했다. 내가 세운 공약이 구석에 찌그러져 눈에 띄지 않는 것이 서운하기는 했으나, 유권자들이 구의원 후보의 공약까지 자세히 살펴보지는 않을 거라고 생각했다. 그런데 그게 아니었다. 선거운동 기간 효창공원에 갈 때마다 할머니, 할아버지들에게 혼이 났다. 동네 사람들이 잘 이용하고 있는 공원을 난데없이 국립묘지로 만들겠다는 공약을 냈다고 말이다. 나를 지지하는 분들도 유권자를 불편하게 하는 공약이니 철회하라고 조언하셨다. 하지만 우리에게는 공약을 철회하고 새로운 홍보물을 만들 시간적·경제적 여유가 없었다. 그냥 "고!" 해야 했다. 나는 낙선의 원인이 공약에 있다고 믿어 의심치 않는다.

 **이랬다면** 어땠을까?

당선자는 아니지만, 새누리당에서 기획 공천한 용산구청장 후보 황춘자 씨의 공약은 살펴볼 만한 가치가 있다. 황후보의 공약은 유권자를 분석하고 그들의 욕구를 고려해 만든 공약의 모범적 사례로 보인다. 이 공약의 워딩wording만 살펴봐도 공약 수립에 대해 배울거리가 많다.

- 생태환경이 복원된 세계적 용산공원을 서울의 대표 브랜드로 조성
- 남산 최고고도지구 규제 완화
- 주민의 요구를 반영한 국제업무지구 후속 대책 추진
- 경부선 철도 및 강변북로 지하화

- 주민의 편의와 이익을 반영한 도시재생(뉴타운, 재개발·재건축) 추진
- 옛 수도여고 부지에 서울시교육청 이전
- 신분당선 이촌역 경유, 보광역 신설, 신안산선 만리재역 신설

용산구의 미래를 조망하는 인프라 관련 공약이다. 여기서 언급하고 있는 대상은, 예를 들어 "용산공원"이나 "옛 수도여고 부지"처럼 매우 구체적이다. 한편, 이를 어떻게 하겠다고 한 약속의 내용은 "서울의 대표 브랜드 조성", "~대책 추진"처럼 미래 지향적이고 패기가 넘친다. 하지만 매우 안전하다. 구체적 기한이 명시되어 있지 않아 임기 내에 지키지 못해도 피할 여지가 있고, '추진'만 하면 결과가 어떻게 돼도 책임에서 자유롭다. 공약이란 지키기 위해서 만드는 것이지만, 반값등록금 공약의 사례에서 봤듯이 정치인들은 지키지 못할 약속도 많이 한다. 그래서 이렇게 두루뭉술하게 만들어 나중에 혹시나 닥칠지 모를 화를 면할 장치를 마련하는 듯하다.

- 옛 중대병원 부지에 종합병원 유치
- 남영역 출입구 신설
- 용산관광특별구역 지정 및 관광지도 작성을 통한 관광산업 활성화
- 지하철역 연계 강화를 통한 마을버스 이용 편의 증진
- 생활체육시설 확대 조성
- 창업지원센터를 일자리창출센터로 확대 운영
- 학교시설 개선 및 환경정비사업 등 학교 지원 확대

의료, 교통, 산업, 일자리, 교육 분야에서 가장 중요한 생활 이슈들을 잘 잡아냈다. 중대병원 이전 후 용산구에는 3차 의료기관이 순천향대병원밖에 없다. 그로 인해 지역 주민들은 큰 병원에 갈 일이 생기면 신촌이나 여의도까지 가는 불편을 겪는 일이 잦다. 남영역은 출입구가 노후하고 1개 밖에 없어 매우 불편한 데다 엘리베이터도 없어서 노인과 장애인, 임산부가 이용하기에 애로가 많다. 용산구는 서울의 중심에 있는 베드타운에 가깝다. 기업들이 있지만 용산구를 이끄는 특별한 산업 기반이라고는 볼 수 없다. 한편 이태원과 남산 인근의 상권이 활성화되면서 지역 내

에서 기대가 커지고 있다. 이 부분을 공약에서 언급한 것은 용산 주민의 필요를 잘 읽고 있다는 인상을 준다. 또 청파동과 후암동 주민들은 주로 서울역과 숙대입구역을 이용하지만 역에서 집까지의 거리가 매우 멀다. 마을버스가 있긴 하지만, 마을 한가운데까지 운행되지는 않는다. 나 역시 마을버스를 이용하면서 배차 간격이나 노선에 대한 불만이 많았는데, 황 전 후보는 이를 잘 포착했다. "용산이 넘어야 할 산은 교육의 산"이라는 말이 있다. 오래된 중·고등 교육기관이 있지만 시설이 매우 열악하다. 이 부분을 언급한 것은 학부모의 가려운 곳을 긁어주는 것이다.

- 최첨단 구립 산후조리원 건립
- 국공립 및 공공형 어린이집 확충
- 공공도서관 건립
- 용산 맞춤형 복지서비스 제공
- 평생학습도시 기반 구축
- 문화 복지 및 문화 예술 향유권 확충
- 어르신 전담주치의제 시행

유모차 밀고 선거 나온 여자

이 공약들은 "요람에서 무덤까지" 인간 생애 주기별 필요를 반영한다. 산후조리원은 출생, 어린이집은 영유아기, 공공도서관은 청(소)년기, 평생 학습은 중장년기, 어르신 전담주치의제는 노인기. 특히 "최첨단 구립 산후조리원 건립" 공약은 출산 전후의 엄마들의 눈길을 확~ 끄는 효과가 있다. 이 공약은 산후조리원이 출산 후 반드시 거쳐야 할 곳으로 여겨지는 새로운 유행을 파악하고 있고, 그 비용이 기백만 원대여서 이용하고 싶어도 그러지 못하거나 부담스러워하는 엄마들이 있다는 사실을 인지하고 있음을 방증한다. 사실 지금도 구에서는 출산축하금과 산후도우미 파견을 위한 비용을 지출하기 때문에 산후조리원을 건립한다 해도 형태만 바뀌는 것일 뿐 사업 내용이 바뀌는 것은 아니다.

이 영리한 공약을 보고 알게 됐다. 내 이름 옆에 적힌 공약들이 얼마나 쪽팔리는 것인지, 또 공약이란 어떻게 만드는 것인지를. 비록 내가 만든 공약은 아니지만(나는 이 사실을 정말로 강조하고 싶다!) 어쨌든 나의 무지가 그런 상황을 만들어낸 것이니 결국 내 책임이다. 아무튼 위 공약들은 생애 주기적 관점에서 만든 좋은 사례다.

우리나라 사회복지 서비스 사이트인 '복지로'(http://www.bokjiro.go.kr)에서 검색해보면 생애 주기를 임신/출산, 영유아, 아동, 청소년, 청년, 중장년, 노년 등 7단계로 구분하고 있다. 이 틀로 각 단계에서 이슈가 될 만한 것을 고민한다면, 나처럼 삽질하지 않고 자신의 색깔에 맞는 생애 주기별 공약을 만들어낼 수 있을 것이다.

- 소통과 청렴 행정을 위한 구민고충해소위원회 및 청렴시민감사단 창설
- 행정공개서비스 시행
- 투명 행정 및 고객 서비스 제고를 위한 행정실명제 추진
- SNS와 빅데이터를 통한 행정 효율성 제고
- 손톱 밑 가시 제거를 위한 용산구 조례 정비
- 청렴교육을 통한 공무원 반부패 문화 확립
- 주민 소통을 위한 구청 개방

이 공약들은 행정과 관련된 것이다. 행정 분야의 최신 유행어나 좋은 말은 다 들어 있다. "소통" "청렴" "행정 공개" "투명 행정" "빅데이터" "행정실명제" "효율성" "조례

유모차 밀고 선거 나온 여자

정비" "반부패" "주민 소통" "개방" 등.

여기서 가장 많이 나온 단어는 '청렴'으로 세 번 등장한다. "시민감사단" "행정실명제" "청렴 교육" "반부패 문화" 등 그 주변의 공약은 청렴을 지키기 위한 수단이다. 행정이 청렴해야 하는 것은 당연한 일이지만, 이렇게 강조하고 있는 이유가 있다. 황 후보의 경쟁자인 제1야당의 후보는 당시 구청장이었는데 재직 기간 중 용역업체를 수의계약으로 선정한 비리가 있었기 때문이다. '청렴'을 강조하는 것 자체로도 의미 있지만, 비리 전력이 있는 상대방의 약점을 의식하여 유권자들에게 그 사건을 다시 상기시킨다.

- 아름답고 안전한 동네 가꾸기
- 용산 수해방지 시스템 보완·구축
- 학교보안관 확대와 학교주변지역 친환경 컷오프 LED 보안등 설치
- 마권 장외발매소 퇴출
- 무장애 도시만들기 조례 제정
- 농수산품 직거래를 통한 안전한 먹거리 도시 구현
- 믿고 맡길 수 있는 안심택배 보관서비스 추진

6·4 지방선거는 세월호 사고 이후의 침울한 분위기 속에서 치러졌다. 그 여파로 '안전'이 가장 큰 이슈였다. 위의 공약들은 그런 사회 분위기를 반영한다. 안전과 관련이 없는 듯 보이는 넷째 줄의 '마권 장외발매소 퇴출'은 마사회 장외발매소에 대한 지역 주민의 우려와 반감을 반영한 것으로 보인다. 장외발매소 반경 1킬로미터 이내에 성심여중고와 초등학교가 2개나 있어서 학부모들은 오랫동안 시위와 집회를 통해 반대 의견을 표명해오고 있다. 당시 구청장이 이를 허가해줘 구민들의 불만이 컸는데, 이를 '안전'과 연관해 제시하고 있는 것으로 보인다.

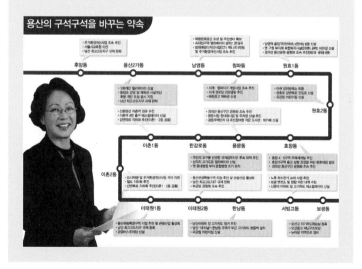

유모차 밀고 선거 나온 여자

구내 각 지역 이슈를 파악하여 동별로 제시한 것도 눈길을 끈다. 철도청에서 오랫동안 근무한 자신의 배경을 살려 지하철 노선도를 연상시키는 구성으로 공약을 이미지화했다. 언뜻 보면 용산 내부를 잇는 지하철 노선을 만든다는 것으로 '착각'할 수 있지만, 그런 내용은 아니다.

- 용문동
  - 경의선 용산구간 공원화 조속 추진
  - 용문시장 현대화사업 및 주차장 신설 추진
  - 공동주택단지 내 주민참여형 작은도서관·북카페 신설
- 이촌2동
  - 도시재생 및 주거환경개선사업 적극 지원
  - 철도 지하화 추진
  - 강변북로 지하화 추진(이촌 1·2동 공통)

황춘자 후보의 공약은 인프라, 생활 이슈, 생애 주기, 행정, 안전, 동별 공약 6개의 큰 꼭지로 구성된다. 그 아래 항목들에 자신의 강점을 잘 어필하면서도 경쟁 후보의 약점을 극대화하는 방식으로 공약을 만들었다.

## 부디 내 홍보물을 반면교사 삼으시길!

내 홍보물(선거 벽보, 선거공보, 현수막, 명함)은 전부 남편의 작품이다. 남편은 한때 채식잡지의 편집인으로 일한 적이 있는데, 그때 디자인 프로그램 다루는 법을 배운 모양이다. 전문업체에 맡길 시간도 비용도 없는 우리 입장에서 그런 기술은 정말 유용했다. 그런데 남편이 디자인 프로그램은 배웠지만, 디자인은 배우지 않았다는 사실을 간과했다. 구의원 후보 홍보물인데 기호는 눈에 들어오지 않고, 글씨는 너무 작고 빡빡하게 들어차 있어서 읽기도 어렵다.

게다가 그 원수 같은 '효창공원 국립묘지화' 공약을 모든 홍보물에 다 넣어서 '셀프 노이즈 마케팅'을 했다. 우리 부부는 사람을 많이 만나서 명함을 배포하는 데 사활을 걸었는데, 확실히 내가 유명세를 타기는 했다. "효창공원을 국립묘지 만들겠다고 구의원 후보 나온 넋 빠진 여자"로. 아, 근 1년이 되는 터라 분노가 좀 가라앉았다고 생각했는데, 그때를 떠올리니 다시 화가 솟구친다. 내 탓이오. 내 탓이오. 모든 것이 내 탓이로소이다!

아래 내용은 선거 벽보에 들어가야 하는 내용이다. 하나도 빠

# 용산구의회 의원선거 (가)선거구

## 무소속 4번

# 서 정 원

서울대 사회복지학과 졸업
서울대 사회복지학과 대학원
사회복지사 1급
한국방송통신대 행정학과 조교(전)
서울대 부모학생모임 '맘인스누' 대표(현)
용산구청소년상담지원센터 학부모지원단(전)

**" 두 아이 엄마의 행복한 삶터,
안전한 배움터, 즐거운 놀이터 만들기 "**

아줌마 서정원이
용산구의회 의원이 되어
하고 싶은 일은

**하나, 아이부터 어르신까지, 안전한 삶터**
마을은 삶의 터입니다. 안전한 골목, 유모차가 다닐 수 있는 거리,
아이들을 건강하게 키울 수 있는 환경을 위해 일하겠습니다.
화상경마장을 반대하고, 도서관이 생기는데 앞장서겠습니다.

**둘, 마을과 지역이 하나로 묶인 배움터**
사교육에 의존하지 않고 아이를 키울 수 있는 배움의 공간을
창조하겠습니다. 대학과 연계한 멘토링, 부모네트워크를 통한
교육 컨텐츠의 공유, 시민학습공동체의 활성화를 위한 조례를
추진하겠습니다.

**셋, 마을 구석구석이 즐거운 놀이터**
작은 도서관, 마을 사랑방의 활성화를 위한 지원조례를 만들고,
각 마을 마을마다 도서관과 사랑방이 활성화되도록 애쓰겠습니다.

**넷, 마을과 지역의 보람있는 일터**
어르신들의 인생이모작을 위한 일터를 지역과 마을에서
만들 수 있는 방안을 찾겠습니다.

## 서정원의 실천공약

**1. 효창운동장을 주민의 품으로**
효창운동장을 녹지화하고 주민들을 위한
복합문화공간으로 변경해야 합니다.

**2. 효창공원 독립운동가들의 무덤을 국립묘지화**
조국을 위해 목숨을 바치신 독립운동가들을 위한
최소한의 의무입니다. 물론 주민들의 공원이용은
현재와 같이 그대로 유지되어야 합니다.

**3. (구)용산구청을 복합문화도서관으로**
우리의 자녀들, 노인들, 장애인을 위한 공간이
되어야 합니다. 독서뿐만 아니라 음악,미술,무용
전시,연극을 공연할수도 있는 복합문화공간입니다.

**4. 장애인복지위원회 설립**
장애인을 위한 복지센터를 건립하고, 장애인 체육회를
설립해야 합니다.

**5. 노인복지,평생학습관 설치**
노인들을 위한 평생교육시설을 (구)용산구청에
설치하겠습니다.

선거 벽보, 53×38cm로 100부 제작

옥신각신 선거운동

트리지 않으면서 유권자가 기억할 수 있도록 시각적 특징을 살려 디자인하는 게 관건이다. 그런데 우리는 그런 점을 고려하지 않고 무작정 집어넣었다.

- 선거명, 선거구명
- 후보자 사진, 성명, 기호
- 소속정당명(무소속)
- 경력(학력 및 경력)
- 정견 및 정책

위 내용을 넣은 선거 벽보 80매를 선거관리위원회에 제출해야 한다. 그러면 선거관리위원회에서 일괄적으로 벽보를 게시한다. 여러 후보들과 나란히 얼굴과 이름이 붙기 때문에 기호와 이름, 얼굴이 눈에 잘 띄도록 배경색을 정하고 글자를 디자인해야 한다. 나는 깨끗한 흰색 배경이었는데, 새누리당, 새정치민주연합, 정의당이 각각 빨강, 파랑, 노랑색인 것을 감안했을 때, 좋은 선택을 한 것 같다.

명함은 두 차례 총 2만 장을 제작했다. 남편이 세운 공약이 명함을 빼곡히 채웠다. 디자인적인 완성도는 떨어지지만 명함을

유모차 밀고 선거 나온 여자

만들면서 한 가지 잘한 일이 있다면 유권자의 종교를 고려했다는 점이다. 천주교 신자에게 건넬 명함을 따로 제작해 내가 다니는 성당과 세례명을 넣었다. 성당 앞에서 유세할 때는 명함을 나눠주며 "서정원입니다"라고 하지 않고 "청파성당의 루도비까입니다"라고 나를 소개했다.

명함은 후보 본인과 배우자, 선거사무장만 배포할 수 있다. 내 명함은 기호가 눈에 잘 띄지 않는다. 그리고 연락처가 빠져 있다. 뒷면에 공약을 너무 빼곡히 채웠다는 지적을 받았다. 그리고 공약의 내용은… 더 말할 필요도 없다.

마지막으로 현수막. 우리가 원하는 '마을'이나 '동네'였으면 좋았을 것을. 꿈도 다부지게 '세상'이란다. 세상! 구의원이 원하는 세상을 어떻게 만들어? 이런 천진한 문장이 내 이름과 얼굴 옆에 있다니! 모든 것이 나의 불찰이다. 우리는 이 현수막을 3개

현수막. 10제곱미터 이내로 3개 제작

제작해서 며칠 간격으로 목이 좋은 곳에 옮겨 달았다. 출퇴근길 사람들이 몰리는 건널목, 눈에 잘 띄는 가로수, 공원 앞, 버스정류장 근처, 시장 입구 등지로 말이다. 이 현수막에 대해서 어떤 분이 말씀해주시길 다른 현수막과는 "차별화"되고 "튀는" 느낌이라고 하셨다. 알아보지도 못할 글씨가 하도 많아 내용이 궁금해져 계속 쳐다보게 되고, 내용을 읽고 나면 구의원이 마치 국회의원처럼 공약을 내건 게 기가 차고, 특히 국립묘지 공약은 황당해서 기억하게 된다고 했다. 결론적으로 사람들의 머릿속에 강렬하게 뽑지 말아야 할 구의원 후보로 기억되는 것이다. 내 탓이오. 내 탓이오. 모든 것이 내 탓이로소이다.

## 이거 하나는 잘한 듯~
## SNS와 블로그를 이용한 온라인 홍보

여자, 무소속, 자금 부족(현실은 자금 전무!), 즉흥 출마, 기반 부재, 30대라는 나의 약점을 어떻게 극복하고 존재감을 알릴 것인가? 나는 홍보물 제작에서 통제력을 발휘하지 못한 실수를 또 반복하고 싶지는 않았다. 온라인 홍보는 내가 할 수 있는 만큼

유모차 밀고 선거 나온 여자

해보기로 했다. 나를 찍어줄 만한 유권자층은 주로 20~40대에 있을 거라고 생각했다. 그래서 그들의 온라인 관계망인 페이스북과 카카오톡을 잘 이용해보기로 했다. 먼저 지인들과 소식을 주고받는 페이스북에서 출발했다. 페이스북에 출마 소식을 알리자 동네 사람들과 학교 친구, 후배들이 '좋아요'를 꾹 눌러줬다. 여섯 단계만 거치면 세상의 누구와도 연결된다는 소셜네트워크 이론을 적용하면, 페이스북의 내 지인들과 그 지인의 지인들에게 '용산에서 갑자기 무소속으로 출마한 황당한 아줌마 후보'의 이야기가 전달된다. 그렇게 현재 용산에 사는 누군가에게 나를 알릴 기회가 자꾸 생길 것이다.

네이버 블로그도 시작했는데 블로그는 생전 처음 해보는 것이어서 무척 서툴렀다. 일단 목표를 높게 세우지 않고 선거운동하면서 찍은 사진과 아무렇게나 기록한 선거 일기를 올렸다. 날 것 그대로 정제되지 않은 나의 삽질과 남편의 삽질이 상승작용을 일으켜 황당무계함으로 승화하는 장면들을 담았다. 어디에다 하소연하고 싶은 심정을 쓰기도 했고, 선거운동하면서 느낀 경쟁 후보의 치사한 플레이에 대한 '뒷담화'를 풀어놓기도 했다.

그러고는 블로그 링크를 카카오톡으로 지인들에게 전송했다. '내가 지금 이딴 짓(!)을 벌이고 있는데, 블로그에 체험기(?)같이 기록하고 있으니 함께 즐깁시다.' 뭐, 이런 취지였다. 그런데 뜻밖에도 반응이 폭발적이었다. 재미있으니 계속 쓰라는 응원의 메시지가 답지했다. '어라? 재미있다고?' 나는 재미있는 것이 좋다. 재미있는 것에 반응한다. 누구나 그렇겠지만 나는 재미있게 잘할 수 있는 것을 하면서 살려고 노력한다. 선거 출마는 흥미롭고 재미있는 경험을 할 기회였지만, 선거운동과 선거운영을 잘하지는 못했다. 내가 잘할 수 있을 만한 것은 SNS를 통한 '스토리텔링'이었다. 그런데 사람들이 그걸 "재미있다"고 한다. 예상치 않은 곳에서 자신감이 생긴다.

대학 동문 커뮤니티 사이트에도 글을 썼다. 글을 올리기 전약간 망설였다. 학내 구성원과 동문에게 커밍아웃하면 아직 끝나지 않은 학교생활이 불편해질 것이다. 내가 즐기는 '엽기 충천 아줌마' 코스프레도 못할 테고, 인생의 주요 낙樂인 짓궂은 장난을 절제하지 못하면 공개적으로 욕을 먹을 수도 있다는 생각에 나의 '찌질한' 자아는 위험 부담이 너무 큰일이라고 속삭였다. 하지만 당시에는 모든 수단을 동원해서 나를 알리는 게 최선이었다. 용기를 내어 혹시라도 용산에 사는 동문이 있으면, 무명의 구의원 후보에게도 관심을 가져달라고 호소하기로 했다.

때마침 누군가 나보다 앞서 이번 선거에는 투표용지가 너무

블로그에 글을 올리면 카카오톡과 페이스북에도 공유했다.

많아서 누굴 찍어야 할지 모르겠다는 글을 올렸다. 그 글을 이어
받아 나의 출마기를 나누면서 구의원 후보에게도 관심을 가져달
라는 내용으로 셀프 홍보를 했다. 수천 명의 동문이 내 글을 읽
고 응원해줬다. 미국으로 유학 간 뒤 연락이 끊겼던 학부 시절의
동아리 친구와도 연락이 닿았다. 또 어떤 분(이하 우렁각시)은 나

옥신각신 선거운동

나는 두 아들을 둔 동네 아줌마다. 5월 16일 지방선거에 출마했다. 용산구의원 후보로.
출마는 갑작스럽게 갑작스럽게 이뤄졌다.
동네에 도박겸마장이 들어서는 것에 반대하는 집회를 참석하던 남편이 갑자기 구의원후보로 출마한다고 선언했
다. 후보등록 마지막 날에.
외골수 남편, 한번 한다면 말릴 재간이 없다.
'당신은 이번에 박사학위를 어렵게 받았는데, 그 좋아하는 공부를 계속 하셔야지, 사람이 한 우물을 파야죠'
하고 구슬렸다.
그는 심각하게 듣더니 내가 후보로 나가라고 했다.
하루만에 어찌 가능하겠는가? 그래서 '그러마 내가 나가마' 했다.
설마 하루만에 그 많은 서류가 준비될리 있겠는가?
그런데, 하루만에 준비가 되었다. 구의원후보 공탁금 200만원까지 학생부부인 우리한테는 한달 생활비인 목돈도
준비되어 17시 30분에 용산구선거관리위원회에 송금 완료.

내가 용산무의회의원 선거의 가 선거구 후보가 되었다!!

내 이름은 서정원이다. 동네 사람은 나를 서하나로 알고 있다.
서하나는 아빠가 지어주신 이름인데, 놀림을 너무 많이 받았다. 그래서 엄마가 지어주신 '서정원'으로 개명을 했
다. 작년에. 그래서 동네사람들은 서정원이 누군지 모른다.
나를 서하나, 혹은 세홍이 엄마로 안다.

나는 우리학교에서 사회복지학을 공부했고, 사회복지학과 대학원에 다닌다.
나는 공부하는 남편과 만나 결혼했고, 공부를 너무 좋아하는 남편이 공부를 직업으로 가지게 되길 기도하면서, 나
역시 언젠가 공부를 업으로 삼는 길을 걷기 바란다.
그래서 지금까지의 가난(?)을 자발적 선택의 결과라 여기며, 아들 둘을 키우며 계속 공부를 한다.

에게 메일을 보내 블로그 운영에 도움을 주겠다고 제안했다. 염
치 불구하고 덥썩 제안을 받아들였다.

우렁각시는 내 블로그를 방문자들이 이용하기 편한 포맷으로
만들어줬다. 그래서 '블로그맹'이었던 나를 어엿한 블로거로 거
듭나게 해주었다. 또 내 사진과 공약을 이리저리 다듬어 괴상망
측함을 덜어낸 호감형 사진과 깔끔한 공약 이미지를 만들어주
었다.

정말 고마운 분이다. 얼굴 한번 보지 못한 우렁각시가 이렇

우렁각시의 손을 거쳐 깔끔하고 사용하기 편리해진 내 블로그

게 멋진 이미지를 만들어줬다. 이미지 속의 나는 평소 내 모습인 '엽기 뽕짝 아줌마'가 아닌, 뭔가 구의원 후보다운 면모를 풍기는 사람이었다. 무엇보다 내가 만든 공약이 중심에 자리하고 원수 같은 국립묘지 공약은 나름 환골탈태한 모습! 남편은 여러 가지로 고마운(!) 사람이다. 이런 좋은 분을 만날 기회를 만들어줬으니 말이다.

　여기서 끝이 아니다. 사람들은 나의 이야기를 '막무가내 선거기 웹툰'쯤으로 생각하는지 재미있어 했고, 열심히 하라며 후원금을 보내고 싶다는 연락도 왔다. 기자의 취재 요청도 받았다. '이색 후보'로 MBN과 《뉴시스》와 인터뷰를 했는데 모니터링을 안 해서 MBN에서는 언제 방송이 되었는지 알 수 없으나 《뉴시

스》와의 인터뷰는 기사화되었다.

페이스북에서 공개 지지를 받기도 했다. 조희연 교육감 후보의 아들이 아버지를 위해 편지를 쓴 것처럼 우리 교회 목사님이 나를 위해 편지를 써주셨다. 감격! 나는 원래 개신교인이지만, 5대째 천주교인인 남편과 결혼하면서 나를 전도하시려던 시어머니께 효도하는 셈으로 성당에서 세례를 받았다. 하지만 성당보다 교회에 더 자주 나가는 편이다. 문제는 교회에 갈 때마다 다른 교인들이 나를 새신자로 안다는 것. 심지어 나는 교회 개척 멤버인데! 아무튼 갈 때마다 극진하게 환영해줘서 좋기는 하다! 그런데 편지 내용을 보니 누가 목사 아니랄까봐 엄청 정직하게 쓰셨다. 무엇보다 나를 지지하는 듯하면서도 '이 여자 또라이예요'라고 말하는 듯한 내용이 마음에 들었다. 웃겼다. 이렇게 쓰

구원회 정원씨에게는 글 쓸 수 있는 아들이 없어...아쉽네요ㅜ제가 본 서정원 씨는 다른 후보 선거운동원들과도 잘 지낼만큼 넉살이 좋고~ 첨본 사람은 당황할 만큼 직설적이나 악의가 없기에 구의회에서 필요한 발언을 할 것이며^^ 그간 저에게 하는 것을 봐서는... 높은사람들의 눈치보는 일은 전혀 없을 것이며9~구의원이랍시고 사람무시하거나 대우받으려고 하지 않을 것이고☆서민들의 입장에서 상식적인 의정활동을 할 것이며* 사회복지 대학원을 나온 복지전문가고☆두 아이의 엄마로 우리 아이들에게 보다 나은 양육환경을 만들고자 노력하고 있으며*남편에게 떠밀려 나왔다지만 무엇보다 다른 후보보다 구의원 직에 대한 진정성이 있다고 생각합니다. 용산구 가선거구 주민여러분~평범한 사람이 세상을 바꾸는 작은 계기가 되기를 바랍니다. 지역인지도가 낮고~투표해야할 종이도 7장이나 되어 구의원따위(?)는 관심없으셨더라도 공약도 안보고 그냥 좋아하는 번호 찍지는 않았으면 좋겠습니다. 저는 대한민국 변화의 시작을 서정원 후보와 함께하고 싶습니다. ㅎㅎ
2014년 5월 31일 오전 8:56 · 좋아요 취소 · 👍 1

댓글을 입력하세요...

**교회 목사님의 지지편지**

면 내가 좋아할 걸 아셨으리라.

## 동선은 최소화, 체력 안배는 필수!

아들 둘을 키우며 공부를 하는 여성으로서 나는 시간 사용 방법에 민감한 편이다. 같은 시간을 가장 효율적으로 사용하기 위해 생활 방식을 바꾸고 우선순위를 조정한다. 공부와 육아로도 모자랄 판에 선거운동까지 하게 되면서 '시간 사용'은 그야말로 내 일상에 '빅이슈'로 떠올랐다.

처음 며칠 동안 선거운동을 해보니 많이 돌아다닌다고 능사가 아니었다. 초여름의 열기를 견뎌가며 2주간의 선거운동 레이스를 종주하려면 일단 건강하게 버텨야 했다. 체력 안배와 이를 위한 휴식이 최우선이었다. 동선을 최소화하고 뜨거운 낮 시간에는 집에 들어와서 씻은 뒤 30분이라도 휴식을 취했다. 땡볕에 밖을 아무리 돌아다녀도 사람 만나기가 어렵다. 그 시간에는 다시 힘을 비축하거나 인터넷에 글을 올리는 방식으로 선거운동을 했다. 선거운동 기간 시간 사용법에서 강조하고 싶은 것은 딱 한 가지다. 동선을 최소화하고 틈틈이 쉬어야 한다. 그래야 지치지 않고 내일 또 달릴 수 있다. 다음은 선거운동 때 내가 짠 일주일 일정표다.

| 선거 일정표

| 시간 | 일 | 월 | 화 | 수 | 목 | 금 | 토 |
|---|---|---|---|---|---|---|---|
| 24~6 | 수면 | | | | | | |
| 6~7 | 효창공원 | 숙대입구역 | 효창공원역 | 만리시장 | 국민은행 | 청파시장 | 청파성당 |
| 7~8 | 식사 휴식 | 숙대입구역 | 효창공원역 | 만리시장 | 국민은행 | 청파시장 | 청파성당 |
| 8~9 | 식사 휴식 | 금양초등학교 정문 | | | | | |
| 9~10 | 교회들 | 식사, 휴식 | | | | | 선거구 돌기 |
| 10~11 | 교회들 | 식사, 휴식 | | | | | 선거구 돌기 |
| 11~12 | 휴식 | 블로그, 인터넷 글쓰기 | | | | | 선거구 돌기 |
| 12~13 | 휴식 | 블로그, 인터넷 글쓰기 | | | | | 선거구 돌기 |
| 13~14 | 휴식 | 청파동, 효창공원 | 청파시장 | 효창공원 | 후암동 | 서계동 | 휴식 |
| 14~15 | 공원 | 청파동, 효창공원 | 청파시장 | 효창공원 | 후암동 | 서계동 | 휴식 |
| 15~16 | 공원 | 청파동, 효창공원 | 청파시장 | 효창공원 | 후암동 | 서계동 | 휴식 |
| 16~17 | 공원 | 청파동, 효창공원 | 청파시장 | 효창공원 | 후암동 | 서계동 | 휴식 |
| 17~18 | 식사 및 휴식 | | | | | | |
| 18~19 | 동자동 | 청파시장, 서계동 | 숙대입구역 | 효창동 | 남영동 | 숙대입구 및 효창동 | 동자동 및 남영동 |
| 19~20 | 동자동 | 청파시장, 서계동 | 숙대입구역 | 효창동 | 남영동 | 숙대입구 및 효창동 | 동자동 및 남영동 |
| 20~21 | 동자동 | 청파시장, 서계동 | 숙대입구역 | 효창동 | 남영동 | 숙대입구 및 효창동 | 동자동 및 남영동 |
| 21~22 | 동자동 | 청파시장, 서계동 | 숙대입구역 | 효창동 | 남영동 | 숙대입구 및 효창동 | 동자동 및 남영동 |
| 22~23 | 귀가, 휴식 | | | | | | |
| 23~24 | 블로그 및 SNS | | | | | | |

120

유모차 밀고 선거 나온 여자

## 돈 주고는 얻지 못했을 빛나는 내 선거운동원들

선거운동원은 후보자의 벽보를 들고 인사를 하거나, 후보자의 기호와 이름이 적힌 옷을 입고 돌아다니며 유세를 한다. 솔직히 나는 이런 활동에 큰 의미를 찾지 못했다. 유권자로서 나는 그런 식의 선거운동보다 지인들의 선호도나 후보자에 대한 평판에 더 영향을 받았다. 하지만 선거운동원으로 나를 도와준 자원봉사자들을 생각하면 지금도 그 고마움을 어찌 갚아야 할지 몸 둘 바를 모르겠다.

애시당초 우리 부부는 선거운동원을 고용할 돈이 없어 둘이서만 선거를 치를 생각이었는데, 주변 지인들이 자꾸 도와주러 오겠다고 연락했다. 마을 어르신들께서도 나서서 도와주시겠다고 했다. 하지만 우리 부부는 뭘 어떻게 도와달라고 해야 할지 몰랐다. 닥친 일들을 손에 잡히는 대로 겨우 해가는 형편에 사람들까지 불렀다가 괜히 시간만 낭비하게 만들까 걱정이 앞섰다.

자꾸 거절 아닌 거절을 하다가 어느 날 학부 후배 민아가 다짜고짜 찾아왔다. "언니 내가 뭐 해줄까? 애기 봐줄까? 아니면 지하철역 입구에 서 있을까?" 그렇게 민아는 시간이 날 때마다 찾아와 대여섯 시간씩 도와주고 갔다. 인터넷상에 나를 후원하고 싶다는 사람들이 생기자 후원 방법으로 '줌마펀드'라는 아이디어를 내고 웹 포스터 작업도 해주었다. 민아의 긍정적인 에너지는 내게 정말 큰 도움이 됐다. "언니, 언니" 하면서 잔소리, 쓴소리 다 했지만 민아가 찾아와서 쫑알쫑알거릴 때마다 힘이 났다.

오리 할아버지와 함께 선거운동을 한 것도 즐거운 기억이다. "당신의 행복을 위해" 내 선거운동원을 자청한 오리 할아버지는 나와 함께 효창공원과 청파동 일대를 돌아다니면서 '후보자 수행'을 해주셨다. '젊은 여자'인 내가 연세 지긋한 어른들에게 다가가기 어렵다는 점을 간파하고는 공원에서 운동을 하거나 쉬고 있는 어르신들에게 먼저 말을 걸어주셨다.

"아이고, 안녕하십니까?" 신수가 훤한 오리 할아버지가 인사하면서 악수를 청하면 어르신들은 급관심을 보이셨다. 그러면 할아버지는 "여기 서 있는 애기 엄마가 구의원 후보로 나온 서정원입니다. 우리 동네에서 아들 둘 낳아서 키우고 있습니다. 젊은 사람이지만 생각이 아주 바르고 좋습니다"라고 말씀하시면서 나를 소개해주셨다. 내가 어르신들에게 인사를 드리면 "사람이 아주 겸손합니다. 구의원이 되면 일을 잘할 겁니다." 하고 말

유모차 밀고 선거 나온 여자

씀을 이어나가셨다.

나 혼자서 다닐 때는 눈길을 주는 어르신이 없어서 장기 두는 분들 옆에 조용히 명함이나 놓고 다니는 식이었다. 그런데 오리 할아버지랑 다니니까 어르신들이 나한테 말도 걸고 질문도 하셨다. 오리 할아버지와 내가 다른 분과 인사를 나누고 있으면 주변으로 다가오거나 자기 쪽으로도 오길 기다리는 분들도 계셨다. 오리 할아버지와 다니며 삶의 연륜이 주는 풍성함을 맛볼 수 있었다. 자신은 물론 이웃을 편안하고 따뜻하게 바라보시는 그 여유가 참 좋았다.

5살짜리 딸까지 데려와서 함께 선거운동을 해준 친구 부부도 참 고마웠다. 선거운동이 끝나고 나서는 밥도 사주고 갔다. 새터민 사역을 하는 목회자 부부에게 밥까지 얻어먹다니…. 뭐 하루 이틀 일인가? 고맙다 친구야. 그게 다 훌륭한 남편을 둔 네 복이고, 너를 친구로 둔 내 복 아니겠니!

동아리 후배인 지현 군도 잊을 수 없다. 지현이는 내가 육아 때문에 휴학하고 우울감에 시달릴 때도 놀러와 힘을 북돋웠던 후배다. 시험 기간인데도 내 선거운동을 돕겠다고 하루 시간을 내서 와주었다. 나는 지현이에게 선거 벽보를 들고 생협 앞에서 몇 시간 유권자들에게 인사를 해달라고 부탁했다. 마을장터가

1_ 노트북을 들고와 인터넷 홍보작업을 도와준 민아

2_ 선거운동원을 자청한 오리 할아버지. 덕분에 선거운동이 즐거웠고, 많은 걸 배웠다.

3_ 더운 날 사진을 찍으러 와준 후배 한진석 군

4_ 시험 기간에 선거운동을 도우러 온 후배 지현. 남편에게 큰 힘이 됐다.

5_ 동자동 쪽방촌의 주민들에게 나를 알리는 모습

6_ 스파이더맨 복장을 한 타후보 선거운동원과 큰아들

7_ 선거운동 중인 나와 유모차에서 잠든 아들

열리는 날이라서 동네 아줌마들이 다 나왔다. 아는 아줌마들이 물었다. "제홍 엄마, 저기서 인사하고 있는 훤칠한 청년은 누구야?" "후배예요. 제가 선거 나왔다니까 도와준다고 왔어요." 대답하며 어깨가 으쓱했다.

남편도 지현의 도움을 많이 받았다. 방위 출신인 남편은 군대 다녀온 남자끼리는 말하지 않아도 통하는 게 있다며 예비역 병장인 내 후배를 나무 위에 올라가 현수막을 떼서 다른 곳으로 옮겨 다는 험한 일에 동원했다. 그래도 남편이 지현이랑 손발 척척 맞추며 일하는 모습을 보니 흐뭇했다. 후배의 방문이 남편에게도 좋은 기운을 준 것 같았다. 현수막을 옮겨 달고는 기뻐서 공중 부양까지 했으니….

멋진 사진을 찍어준 한진석 군도 참 고맙다. 진석 군은 학부 후배이기는 하지만 함께 수업을 들어본 적은 없다. 내가 대학원생이 된 후 종종 과사무실에 갔을 때 깎아놓은 밤톨같이 반듯한 진석 군과 몇 차례 가벼운 대화를 나눠본 정도다. 내 출마 소식을 듣고 사진이 취미인 진석 군이 선거운동하는 모습을 찍어주겠다며 들렀다. 더운 일요일 아침, 청파동 언덕길을 돌아다니는 우리 부부에게 찾아와 추억이 될 멋진 사진을 한아름 남겨주고 갔다.

유모차 밀고 선거 나온 여자

선거운동을 도우러 찾아와 자신의 시간과 노력을 나눠준 가족과 지인, 이웃에게서 큰 힘을 얻었다. 몇 시간이 되었든 그들의 방문과 동행은 열정 하나로 무모한 도전을 하던 우리 부부에게 새 힘을 불어넣었다. 한여름 열기 속에 체력이 소진될 때 우리를 더욱 지치게 한 것은 패배감이었다. '절대 이길 수 없는 게임' '설령 당선되더라도 과연 나라고 다를까?' 하는 생각이 가만히 있어도 나를 힘들게 했다. 그럴 때마다 찾아와준 사람들과 왁자지껄, 시끌벅적 함께한 선거운동은 우리의 시도와 몸짓에 생명력을 불어넣었다. 선거는 원래 민주주의의 꽃이며 사회 구성원의 대표를 뽑는 잔치가 아니던가? 힘찬 기운으로 선거를 끝까지 마칠 수 있도록 함께해준 분들에게 고맙다는 말을 전하고 싶다.

옥신각신 선거운동

# 3 오락가락
# 선거운영

나는 정치를 〈웨스트 윙〉이라는 미국 드라마에서 배
웠다. 모든 시즌을 3번이나 반복해서 봤다. 처음엔 '정치'를 배
우기 위해서가 아니라 고급 영어회화를 익히려고 봤다. 백악관
을 배경으로 하기 때문에 수준 높은 영어를 구사할 것이라 생각
했다. 자취방 밥상에 노트북을 얹어놓고 〈웨스트 윙〉을 보면서
밥을 먹었으니 어떤 의미에서 나에게 식구食具인 드라마다.

〈웨스트 윙〉의 등장인물 중에 조쉬 라이먼은 대통령의 핵심
보좌관으로 백악관에서 일할 새로운 인물을 발굴한다. 그는 잘
난 척하고 공감능력이 부족할 뿐 아니라 일상생활을 영위하는
데 장애가 있는 등 재수 없는 캐릭터의 극치를 도맡아 보여준다.

하지만 미우면서도 미워할 수 없는 캐릭터다. 드라마를 보면서 나도 언젠가 조쉬 라이먼처럼 일해보면 재미있을 것 같다는 생각을 했다. 그렇지만 아이를 낳은 뒤 매일 똥기저귀 갈기와 밥 먹고 젖 주기를 반복하면서, 묵은 기억 속에서 조쉬 라이먼을 꺼내 들춰볼 여유도 여력도 없었다. 그런데 6.4 지방선거가 나의 옛날 밥상 식구를 기억나게 해주었다. 조쉬 라이먼이라면 어떻게 할까?

나는 조직 없이 선거를 치렀다. 사람들은 내게 말했다. 조직 없이는 선거에 이기지 못한다고. 당시에는 그게 무슨 말인지 몰라 그렇게 말하는 사람들을 잘난 척한다고 여겼다. 선거 직후에도 몰랐다. 한참 지난 이제야 무슨 말인지 알 것 같다. 선거라는 프로젝트를 진행하려면 전체를 지휘할 사람과 일정, 행정, 사무, 사람, 돈을 맡아 관리할 사람들이 필요하다. 후보자는 선거의 지휘관이 아니라 주연main actor이다. 총괄 진행을 하기에는 시간이 부족하다. 사람들은 후보자를 만나고 싶어 하고, 소통하고 싶어 한다.

오락가락 선거운영

## 탄탄한 조직 없이는 선거 못 이긴다

우리 선거에서 사무장은 남편이었다. 나는 후보자였다. 그리고 간헐적으로 자원봉사를 한 선거운동원 약간 명. 우리는 선거 까막눈이었기에 각자의 역할이 무엇인지 잘 몰랐다. 시간이 흐르면서 조금씩 자기 역할이 무엇인지 배웠다. 내 역할을 깨닫게 된 것은 선거운동원 오리 할아버지와 사무장 남편이 다툰 일이 있고서다. 나는 오리 할아버지와 선거운동을 하는 게 좋았다. 전부터 재미있는 분인 것 같아 대화를 나눠보고 싶었는데 유세를 다니면서 할아버지랑 얘기할 기회가 많았다. 할아버지는 나에게 후보자로서 생각하고 행동하라고 격려해주셨다. 그리고 내가 충분히 후보자로서 자질이 있으니 자신감을 가지라고 격려해주셨다. 덕분에 나는 의기충천했다. 충만한 자신감으로 나는 사무장에게 덤볐다.

어느 날 회의에서 이런 의견을 냈다. "후보자 입장에서 지금 공약은 부담이 많아요. 지금이라도 명함을 다시 찍어서 돌리고 싶어요. 특히 효창공원 국립묘지화 공약 때문에 욕을 많이 먹어요. 이것을 철회하지 않으면 승산이 없을 것 같아요." 오리 할아버지도 날 지지해주셨다. "후보님 뜻이 그렇다면, 그렇게 합시다." 남편의 얼굴이 새파래졌다. 절대 있을 수 없는 일이라고, 눈을 부라리며 입에 거품을 물고 말했다. "절대 그럴 수 없어요. 제가 선거사무장인데 제 뜻을 따르지 않는 것은 월권이에요. 그리고 국립묘지는 반드시 필요해요. 이건 독립운동가들을 기리는 일이에요. 만일 그 공약을 빼면 호국 영령들이 슬퍼할 거예요." 나는 남편에게 말했다. "사무장이야 말로 월권하는 거예요. 저는 후보자로서 그 공약을 원하지 않아요. 빼고 싶어요."

논쟁이 이어졌고, 남편은 오리 할아버지 때문에 내가 자기 말을 듣지 않고 옳지 않은 마음을 품었다고 길길이 날뛰었다. 오리 할아버지가 남편에게 후보자의 말을 따르자고 종용하시자 급기야 남편은 오리 할아버지에게 선거운동원을 그만두시라고 말해버렸다. 오리 할아버지는 "알겠다. 내가 빠지겠다"고 하신 후 나가버리셨다. 남편도 나가버렸다.

황망했다. 오리 할아버지랑 선거운동하면서 듣는 얘기들이 좋았는데 남편이 다 망쳐버렸다는 생각이 들었다. 나는 남편을 쫓아내고 오리 할아버지를 모셔오고 싶었다. '이 나쁜 놈. 또라이. 당신, 팬티만 입힌 채 집에서 쫓아낼 거야. 효창공원 가서 호국 영령들하고 살아라! 우선 내가 끝까지 뛰기는 하겠다만, 이

오락가락 선거운영

선거는 어차피 처음부터 당신 마음대로 시작한 거니 선거에서
지면 다 당신 탓으로 돌릴 거야. 당신은 나한테 찍혔어. 앞으로
잘해주나 봐라. 이제 당신이랑 안 놀아!' 할아버지가 떠나버린
일이 너무 속상하고, 남편이 너무 미워서 마음으로 되뇌고 또 되
뇌었다. '이제 당신이랑 안 놀아!'

　남은 기간 꾸역꾸역 선거운동을 했다. 남편과 둘이서. 그가
미웠지만, 여력이 없어서 나중에 미워할 요량으로 당장 미워하
는 것조차 보류했다. 하지만 막상 선거에 져서 풀이 죽은 남편
모습을 보니 불쌍했다. 그래서 유야무야 넘기고 말았다. 감정은
휘발성이 강하니 다 날아가 버리고, 실패의 경험이 준 가르침만
남았다. 선거라는 프로젝트에서 책임자였든, 주연이었든 책임은
후보인 내가 다 져야 한다는 것이다. 조직을 구성하지 못한 것,
그 상태로 일을 진행하도록 허용한 것, 그나마 있던 운동원이 떠
나게 만든 것, 나의 유일한 팀원인 남편을 잘 부리지(?) 못한 것
모두 내 책임이다. 왜냐하면, 어찌되었든 선거는 나의 프로젝트
였기 때문이다.

　팀을 만들고 좋은 팀워크를 만드는 것은 선거 전에 이뤄져야
한다. 서로에 대한 신뢰가 전제되어야 선거운동 기간 이런저런
위기 상황에 대응하기가 수월하다. 선거운동은 셀 수 없이 많은

유모차 밀고 선거 나온 여자

상황에 적절하고 신속한 대응을 요하기 때문이다.

오바마 미국 대통령의 선거운동은 이런 면에서 모범적 사례다. 오바마의 선거운동은 빅데이터를 이용해서 SNS를 성공적으로 활용한 사례로도 유명하지만, 사실 사람의 조직화가 핵심이었다. '행동을 위한 조직Organizing for action'이란 프레임으로 사회운동가 시절에 익힌 풀뿌리 조직화 방식을 선거운동에 활용했다. 2012년 10월 방영된 EBS 〈다큐프라임〉 '킹메이커' 편에 오바마의 선거 캠프에서 지지자를 조직화한 전략이 소개된 바 있다. 이런 사실을 미리 알았더라면 얼마나 좋았을까?

오바마 지지 단체의 누리집을 보면, 지지자들의 관심 정도에 따라 참여할 수 있도록 단계를 나누었다. 더 자세히 살펴보면, 지지자들을 아주 친절하게 다음 단계로 이끌면서 지역 문제에 관심을 기울이는 활동가로 성장시키는 프로그램을 운영하고 있음을 알 수 있다.

### 1단계: 공유SHARE

총기, 평등, 기후변화, 의료보험, 노동 등 오바마 캠프가 내세운 다양한 이슈를 '한 번의 클릭'으로 자신의 SNS에 게시할 수 있다.

1_ 오바마 지지 단체의 누리집
2_ 1단계: 공유
3_ 2단계: 서명
4_ 3단계: 시청

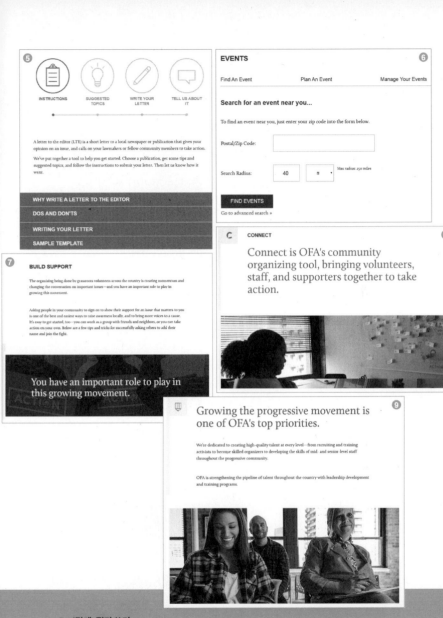

⑤

| INSTRUCTIONS | SUGGESTED TOPICS | WRITE YOUR LETTER | TELL US ABOUT IT |

A letter to the editor (LTE) is a short letter to a local newspaper or publication that gives your opinion on an issue, and calls on your lawmakers or fellow community members to take action.

We've put together a tool to help you get started. Choose a publication, get some tips and suggested topics, and follow the instructions to submit your letter. Then let us know how it went.

**WHY WRITE A LETTER TO THE EDITOR**

**DOS AND DON'TS**

**WRITING YOUR LETTER**

**SAMPLE TEMPLATE**

⑥

**EVENTS**

Find An Event        Plan An Event        Manage Your Events

**Search for an event near you...**

To find an event near you, just enter your zip code into the form below.

Postal/Zip Code:

Search Radius:    40    mi ▾    Max radius: 250 miles

**FIND EVENTS**

Go to advanced search »

⑦

**BUILD SUPPORT**

The organizing being done by grassroots volunteers across the country is creating momentum and changing the conversation on important issues—and you have an important role to play in growing this movement.

Asking people in your community to sign on to show their support for an issue that matters to you is one of the best and easiest ways to raise awareness locally, and to bring more voices to a cause. It's easy to get started, too—you can work as a group with friends and neighbors, or you can take action on your own. Below are a few tips and tricks for successfully asking others to add their name and join the fight.

You have an important role to play in this growing movement.

⑧

**C    CONNECT**

Connect is OFA's community organizing tool, bringing volunteers, staff, and supporters together to take action.

⑨

Growing the progressive movement is one of OFA's top priorities.

We're dedicated to creating high-quality talent at every level—from recruiting and training activists to become skilled organizers to developing the skills of mid- and senior-level staff throughout the progressive community.

OFA is strengthening the pipeline of talent throughout the country with leadership development and training programs.

### 2단계: 서명SIGN

오바마가 제시하는 공약에 대해 전자 서명을 하게 한다. 이는 1단계의 클릭 한 번보다 더 적극적인 참여로 이끈다. 개인 정보를 기입하고 어떤 법안에 대한 지지를 표명하는 것이기 때문이다.

### 3단계: 시청WATCH

홈페이지에 게시된 비디오 자료를 보게 한다. 이를 통해 참여자는 서서히 오마바 캠프의 정신과 가치를 공유하기 시작한다. 비디오 자료 시청은 참여자에 대한 교육적 효과도 있다.

### 4단계: 편지 쓰기WRITE A LETTER

더 적극적으로 참여하기 원하는 사람들을 위한 수단을 제시한다. 지역 언론과 기타 매체에 의견을 표명하는 방법을 친절히 안내하는데, 이 단계를 따라가면 자신의 의견을 의사결정자들에게 전달하는 편지를 작성할 수 있다.

### 5단계 : 행사 참석ATTEND AN EVENT

반경 400킬로미터 이내에서 열리는 지지자 모임과 같은 다양한 행사 정보를 제공한다. 이 단계에서는 다른 사람이 계획한 행

유모차 밀고 선거 나온 여자

사를 검색하거나 직접 모임을 기획할 수도 있다. 모임을 운영하는 데 도움을 받을 수도 있다.

### 6단계 : 지지BUILD SUPPORT

이제 사람들이 운동에 참여하게 된다. 각 사람이 단순한 투표가 아니라 가치 있는 사회운동의 중요한 역할을 하게 된다고 설득한다.

### 7단계: 연결CONNECT WITH OTHERS

다른 활동가들과 연결하는 방법을 소개한다. 필요한 도구와 자원도 제공한다. 이 단계까지 도달했다면, 컴퓨터 앞에서 클릭 한 번 하던 사람이 모임을 조직하고 운영하며 운동에 참여하는 활동가로 변모한 셈이다.

### 8단계: 교육GET TRAINED

이제 조직가가 된다. 커뮤니티의 진보를 위해 자신의 재능을 사용할 수 있도록 다양한 교육 프로그램이 제공된다. 이 단계에서는 토론을 통한 소통, 나눔을 통한 이해, 상호 지지를 통한 연대가 확립된다.

오바마 지지 단체의 조직화 전략은 이전 단계보다 관심과 에너지를 조금 더 사용하면 쉽게 다음 단계로 나아갈 수 있게끔 하는 징검다리 형태로 기획되어 있다. 이런 정교한 기획은 지지자들이 오바마 캠프의 가치와 비전을 공유하는 교육적 효과를 발휘한다. 또한 활동의 다양한 사례를 제시하여 참여자의 상황과 형편에 맞춰 융통성 있게 참여할 수 있도록 옵션을 제시한다.

| 범주 | 유입경로 | 참여자 | 참여 영역 |
| --- | --- | --- | --- |
| 아는 사람 | SNS 및 소문 | 맘인스누 친구들 | 펀드 후원 인터넷 공지 |
| | | 구 목사님 | 선거운동,<br>인터넷 후원글 |
| | | 민아 | 각종 선거운동 |
| | | 지현이 | 각종 선거운동 |
| | | 준석이 | 사진 및 인터넷 |
| | | 보래미 언니 | 펀드 후원 |
| | | 광우 오빠 | 펀드 후원 |
| | | 민슈 오빠 | 펀드 후원 |
| | | 성원 오빠 | 펀드 후원 |
| | | 멜로디 이모 | 펀드 후원 |
| | | 오리 할아버지 | 선거운동 |
| 모르는 사람 | 학교 포털 및<br>맘스홀릭 | 우렁각시 | 블로그 및 웹자보 제작 |
| | | 대학 동문 | 펀드 후원 |

유모차 밀고 선거 나온 여자

| 영역 | 세부 영역 | 필요 시기 | 나의 사례 |
|---|---|---|---|
| 디자인 | 선거 홍보물 일체 | 선거 전 | 남편 |
| 행정 | 선관위 응대 | 선거의 전 과정 | 남편 |
| 회계 | 선거 관련 입출 관리 | 선거의 전 과정 | 남편 |
| 선거운동 | 길거리 선거운동 | 선거운동 기간 | 나, 남편, 자원봉사자 대략 10회 |
| | 블로그 관리 | 선거의 전 과정 | 나, 자원봉사 대략 5회 |
| | 인터넷 포털 | 선거운동 기간 | 나, 민아 |
| | 사진 찍기 | 선거운동 기간 | 나, 남편, 자원봉사자 1회 |

나의 경우 SNS에 올린 글을 읽은 주변의 지인들이 선거를 도와주고 싶다고 했다. 그리고 내가 학교 동문 커뮤니티 사이트에 올린 글을 읽은, 나를 모르는 사람들도 선거 참여 의사를 밝혀주었다.

나는 두 가지 방식으로 도움을 받았다. 선거에 필요한 일에 직접 참여하는 것과 펀드를 통한 재정 후원이다. 선거에 직접 참여하는 방식엔 선거운동과 그에 필요한 디자인, 행정, 회계와 같은 직능별 업무가 있다.

지인들이 도와주겠다며 "언제 가는 게 좋으냐?"고 물어볼 때 오라고 하지 못한 것이 아쉽다. 자원봉사를 해주겠다는데도 도움을 받을 줄 몰라서 놓쳐버린 것도 아쉽다. 출퇴근 시간 사람들로 붐비는 지하철역에서 인사만 부탁해도 좋았을 텐데…. 다음과 같이 표를 만들어 언제, 누가, 어떤 봉사를 하는지 관리해도 좋을 것 같다.

| | 월 | 화 | 수 | 목 | 금 | 토 | 일 |
|---|---|---|---|---|---|---|---|
| 7~8 | | | | | | | |
| 8~9 | | | | | | | |
| 9~10 | 김개똥, 길거리 피캣 | 신 여사, 국민은행 앞 | | 둘째 서방님, 서계동 일대 | 이민아, SNS관리 | | |
| 10~11 | | | | | | 박지현, 효창동 생협 앞 | |
| 11~12 | 우렁각시, 웹자보 | | | | | | 한진석, 사진 |
| 12~13 | 점심 식사 | | | | | | |
| 13~14 | | | | | | | |
| 14~15 | 오리 할아버지, 효창공원 | | | | | | |
| 15~16 | | | | | | 박지현, 동자동 및 후암시장 일대 | 시아버님, 후암시장 |
| 16~17 | | | | | | | |
| 17~18 | 저녁식사 | | | | | | |
| 18~19 | 둘째 서방님, 숙대입구역 4번 출구 | 이민아, 인터넷 글 게시 | | 둘째 서방님, 청파시장 | | | |
| 19~20 | 이민아 구 목사님 효창공원역 | 백예인, 청파동 | 이민아, 숙대입구역 1번 출구 | | | | |
| 20~21 | | | | | | | |
| 21~22 | | | | | | | |

유모차 밀고 선거 나온 여자

# 부족한 선거 비용은 후원 펀드로

선거비로 총 450만 원 정도를 지출했다. 영수증 처리하지 못한 밥값까지 따지면, 대략 500만 원 정도 쓴 것 같다. 목돈은 선거 기탁금 200만 원, 선거공보 및 홍보물 제작비 200여만 원이 들었다. 선거 기탁금은 남편이 구의원에 출마하겠다고 하여 시이모님이 빌려주셨다. 홍보물 제작은 우선 외상으로 했다가 나중에 후원금이 100만 원 정도 모여 그것으로 인쇄비 일부를 갚았다.

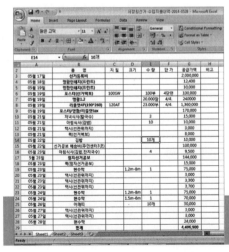

선거비 지출 내역을 날짜별로 정리한 엑셀 파일

143

오락가락 선거운영

선거 중간에 작은 아들 양육 수당으로 들어온 20만 원으로 현수막을 제작했고, 나머지는 선거 후에 작은 아들 금반지 3개를 판 50만원으로 홍보물 인쇄비를 갚았다.

후원금은 후배가 아이디어를 내서 '줌마펀드'라는 것을 만들어 받을 수 있었다. 사실 이전에 오리 할아버지께서 경기도교육감 이재정 후원회에서 후원 요청 메일을 받았다면서 나도 그렇게 해보라고 조언을 해주셨다. 엄두를 못 내고 있던 차에 마침 도와주러 온 후배 민아가 "언니 그거 좋겠다. 내가 해볼게"라면서 '줌마펀드'라고 작명까지 해주었다. 그리고 웹자보 작업까지 일사천리로 진행해주었다.

나는 그 웹자보가 평소 엽기를 표방하는 내 캐릭터를 잘 나타냈다고 생각하지만, 동문 커뮤니티 사이트에 올렸다가 욕을 먹었다. 혀를 내밀며 '메롱~' 하고 있다고.

그래서 온건하게 둘째 아들을 안고 있는 사진으로 다시 만들었다. 이것을 블로그, SNS 등에 게시했는데 감사하게도 약 일주일 동안 100만 원 정도가 모였다. 법적으로 나 같은 구의원 후보는 선거 후원금을 받을 수 없지만, 이런 '펀드'는 특별한 제한이 없는 모양이었다. 그래서 당선되거나 득표율 10%를 넘기면 이자율 3.5%를 적용해 돌려주는 조건으로 펀드를 만들었다.

유모차 밀고 선거 나온 여자

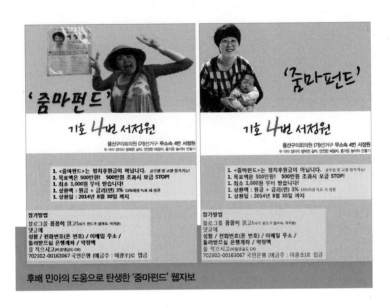

후배 민아의 도움으로 탄생한 '줌마펀드' 웹자보

　　하지만 낙선한 데다 득표율 10%를 넘기지 못해서 '줌마펀드' 가입자들에게 후원금을 돌려드리지 못했다. 이것만 생각하면 미안하고 부끄러워서 마음이 심란하다. 적지 않은 금액을 후원해준 지인들과 알지도 못하는 나를 후원해주신 고마운 분들에게 무엇으로 감사의 마음을 전해야 할까. 고마움과 미안함을 어떻게든 갚고 싶은데 방도가 없어 답답하다. 바르게 살고 할 수 있는 영역에서 누군가를 도우며 사는 게 보은하는 길이 아닌가 생각해본다.

오락가락 선거운영

# 4

## 들쭉날쭉
## 선거제도

선거제도

낙선사례

직접 선거에 출마해보니 평소 모르고 있었던 우리나라 선거제도의 문제점을 알게 되고, 고민하게 됐다. 그중에 제일 큰 문제로 생각하는 것은 나 같이 평범한 사람이 정치에 진입하는 걸 막는 기탁금과 선거비용 문제다. 우리나라 선거제도는 후보자가 '기탁금'을 내고 참가 자격을 얻도록 하고 있다. 후보 자격을 갖춘 다음에도 엄청난 '선거비용'을 들여야 완주할 수 있는 시스템이다. 이것은 정치 신인들의 데뷔를 어렵게 하는 진입 장벽임이 분명하다. 반대로 돈이 있으면 누구든지(심지어 전과 14범이라도) 출마할 수 있다는 문제도 안고 있다. 정치권도 다음 세대를 길러내야 할 텐데, 지금의 선거제도는 젊은 사람들에

유모차 밀고 선거 나온 여자

게 전혀 유리한 방식이 아니다.

우리 동네에는 마을 일에 열심인 사내가 몇 명 있다. 나는 남편에게 그 사내들과 어울려 다니지 말라고 했다. 남편의 이상주의와 그 사내들의 행동력이 만나면 무슨 상승작용을 일으킬까 두려웠기 때문이다. 한번은 그 사내들에게 단호히 말했다. "혹시 제 남편이 뭘 같이하자고 하면, 하지 마세요. 저 그런 거 별로 안 좋아해요." 그들이 싫어서가 아니다. 이웃으로는 좋은데, 내 남편이 이 사내들처럼 동네일 한다고 식솔 입에 밥숟가락이 들어가는지 안 들어가는지도 모르는 삶의 궤적을 좇을까 걱정이 앞서 엄포를 놓은 것이다.

그 사내들은 멀쩡한 대학을 나왔고, 대학원도 나왔다. 마을 사람들을 두루 잘 알고, 마을 일에도 열심이다. 다만, 자기 앞가림에 별 관심이 없어 뵌다. 아내 입장에서는 속이 탈 것이다. 그런데 만약 그런 사람들이 구의원이 되면 정말 기가 막히게 잘할 것 같다. 국민 세금으로 주는 구의원 월급이 아깝지 않을 만큼 말이다. 그들이 구의원이 되면 우리 동네는 다른 누구보다도 아이들과 노인들이 살기 좋아질 것이다.

어느 날 나는 물었다. "구의원으로 출마하지 그래요?" 사내 중 한 명이 말했다. "아유, 나가고 싶다고 나갈 수 있나요. 돈이

들쭉날쭉 선거제도

있어야 나가죠." "그럼, 기탁금만 해결되면 출마하겠네요?" 사내는 말했다. "네. 그렇게 되면 선거 한번 나가고 싶어요."

# 피선거권 제한하는 기탁금 제도

언젠가 남편과 얘기했다. 우리에게 여유가 생기면 그중 한 사내의 출마를 위해 기부하자고 말이다. 그 사람은 선하고 마을 일에도 열심이니 정말 마을을 위해 전심으로 일할 것 같다. 그렇게 좋은 사람이 기탁금 때문에 구의원에 출마하지 못한다는 현실이 안타까웠다.

**선거별 기탁금 액수**

대통령 선거: 3억 원

광역자치단체장 선거: 5000만 원

국회의원 선거: 1500만 원

기초자치단체장 선거: 1000만 원

광역자치단체의회의원 선거: 300만 원

기초자치단체의회의원 선거: 200만 원

유모차 밀고 선거 나온 여자

선거관리위원회는 기탁금 제도의 목적을 "후보자 난립의 저지를 통하여 선거 관리의 효율성을 꾀하는 한편 불법행위에 대한 제재금의 사전 확보"라고 밝히고 있다. 하지만 자격이 안 되는 후보자의 난립을 저지할 방안이 돈이란 게 너무 저열하게 느껴진다. 돈 낼 수 있는지 여부를 기준으로 후보자를 거르는 게 과연 최선인가?

다른 나라 선거의 기탁금을 살펴보자. 민주주의 경험이 많은 서구 국가들의 경우 선거에 출마하려는 사람이 내는 기탁금은 우리나라에 비해 그 액수가 미미한 수준이다. 해당국의 1인당 국민소득에 비추어 봤을 때 평범한 개인이 얼마든지 감당할 수 있을 만한 수준이다. 그러나 우리나라는 국민소득의 절반이 넘는 액수다. 1인당 국민소득이 2만 불 조금 넘는데, 국회의원 기준 기탁금이 1500만 원이니 말이다.

이종문은 기탁금 제도에 관한 연구(2010)[*]에서 이 제도는 재력이 미약한 후보자의 피선거권을 침해하고, 선거에서 경쟁을 제한하여 민주 선거의 기능을 훼손한다고 지적한다. 또 미국, 프

● 　이종문, 〈기탁금 제도의 실효성에 대한 재검토와 입후보 진정성 제고 방안〉, 《선거연구》 제2호, 2010.

## | 주요국의 후보자기탁금액 및 반환기준 현황

| 국가명 | 기탁금액 | 반환기준 | 비고<br>*1인당 국민소득(US$) |
|---|---|---|---|
| 영국 | 500파운드<br>(한화 945,000원) | 총유효투표수의 5%<br>이상 득표시 | *36,298 |
| 일본 | 300만엔<br>(한화 32,000,000원) | 총유효투표수의 10%<br>이상 득표시 | *42,325 |
| 캐나다 | 1,000캐나다달러<br>(한화 867,000원) | 총유효투표수의 15%<br>이상 득표시 | 50% 반환<br>*45,888 |
| 호주 | 350호주달러<br>(한화 271,000원) | 제1순위지지 총유효투표<br>수의 4% 이상 득표시 | *54,869 |
| 뉴질랜드 | 300뉴질랜드달러<br>(한화 165,000원) | 총유효투표수의 5%<br>이상 득표시 | 비례대표는 기탁금 없음.<br>*31,588 |
| 오스트리아 | 미화 430달러<br>(한화 570,000원) | 기탁금 반환 안됨 | *43,723 |
| 싱가포르 | 8,000싱가폴달러<br>(한화 5,480,000원) | 총유효투표수의 12.5%<br>이상 득표시 | *42,653 |
| 한국 | 15,000,000원 | 총유효투표수의 10%<br>이상 | *20,165 |

출처: 이종문, 〈기탁금 제도의 실효성에 대한 재검토와 입후보 진정성 제고 방안〉, 《선거연구》 제2호, 2010.

랑스, 독일과 같은 주요 선진국은 기탁금 규정이 없고 영국, 호주, 캐나다 등은 소액의 기탁금이 존재한다고 밝힌다. 특히 이 연구는 현재까지 치러진 선거 통계를 분석하여 기탁금 제도와 후보자 수의 관계를 분석했는데, 결과적으로 기탁금 제도가 후보자 난립을 방지하여 진정성을 담보한다는 목적을 달성하지 못

유모차 밀고 선거 나온 여자

했음을 보여준다. 그는 기탁금 제도가 재력이 없는 정치 신인의 등장을 방해하는 등 피선거권자의 기본권을 침해하는 수단이 되지는 않았는지 의문을 던진다. 또한 우리나라 기탁금 제도가 역사적으로 기득권층의 영구 집권을 꾀하는 과정에서 도입된 제도임을 고려해 존속할지 논의할 필요성이 있다고 제시한다.

이런 문제의식에 나도 공감한다. 기탁금 제도가 목적에 맞게 작동하는 것도 아닌데, 기탁금이 없으면 후보자가 될 수 없다니! 말도 안 되게 많은 돈을 요구해 정치에 나서고자 하는 국민의 좋은 의지를 좌절시키는 기탁금 제도는 민주주의를 천박하게 만드는 장치인 것 같다. 구의원 후보로 출마하며 나도 기탁금 200만 원을 냈다. 선거에 출마하는 것은 민주 시민으로서 내가 가진 권리인데, 그 권리를 행사하려고 200만 원이나 썼다니…. 피선거권자가 된 것은 내 평생 가장 큰 사치가 아니었나 싶다.

## 부작용 많은 선거비용 처리 방식

명함, 현수막, 선거공보, 유세 차량, 선거운동원까지 선거를 치르려면 돈이 너무 많이 든다. 그 효과가 검증되지도 않았는데,

우리나라에서 선거 한 번 치를 때마다 각종 인쇄물과 차량에 드는 돈은 실로 어마어마하다.

몇 년 전 교육감에 출마한 대학교수 출신 후보자는 후보자 사퇴 후 앞서 지출한 선거비용 보전을 당선자에게 요구했다가 자신의 사회적 지위를 잃었다. 그의 요구를 들어준 당선자 역시 유죄를 선고받아 뜻을 다 펴지 못하고 교육감에서 물러났다. 지난 지방선거가 끝난 후에도 선거비용 때문에 여러 사람의 삶이 망가졌다. 선거가 끝나자 후보였던 사람들의 자살, 자살 시도, 살인교사 등의 소식으로 언론이 떠들썩했다. 모두 빚으로 남은 선거비용 때문에 벌어진 일들이었다. 한편 선거운동 과정에서 딸의 폭로로 위신을 크게 잃은 고승덕 서울시 교육감 후보가 사퇴하지 않고 선거를 끝까지 치른 게 이미 지출한 선거비용 때문이었다는 해석도 있다. 후보 사퇴를 하면 수십억에 달하는 선거비용을 보전받지 못하기 때문이다. 그 후보는 24%의 득표율을 얻어 선거비용을 보전받았다.

공영선거를 표방한다지만 현재 선先지출 후後보전 방식은 정치 신인에게 불평등한 구조다. 정치 신인은 먼저 지출할 돈도 없을 뿐더러 인지도가 낮아서 많은 표를 얻기가 현실적으로 어렵기 때문이다. 어차피 공영선거를 표방하고 선거비용을 국가

유모차 밀고 선거 나온 여자

가 보전할 거라면 이런 방식이 아니라 선거관리위원회에서 일괄적으로 선거공보 제작비와 선거운동원 운영 자금을 똑같이 공급해주는 게 맞다. 공영선거인데 왜 돈이 있는 사람에겐 유리하고 돈이 없는 사람겐 불리한 방식으로 진행하는가? 입후보자가 같은 조건에서 경쟁할 수 없는데 이것을 공영선거라고 할 수 있는가?

솔직히 나는 200만 원 내고 후보 등록을 하면, 선거공보나 벽보는 선거관리위원회가 제작해주는 줄로 알았다. 그런데 기탁금을 내고 나니 선관위 직원이 언제까지 공보물과 벽보를 제작해서 제출하라는 것이었다. 만약 내가 직접 제작해야 하는 줄 미리 알았다면, 무슨 수를 써서라도 남편을 말렸을 것이다. 그런데 이미 돈을 냈고, 돌려받을 수도 없었다. 나는 빚을 얻어서 공보물과 벽보를 제작해야 했다. 선거 자금이 넉넉하지 않으니 최소 비용으로 구색만 갖췄다. 선거 출마를 위해 기탁금을 내야 하는 것도 납득이 되지 않았지만, 국가의 공무인데 그 비용을 내가 내야 한다는 것도 도무지 이해되지 않았다. 시간도 정신도 없었고 일단 닥친 일을 처리하느라 따져보지 못하고 시키는 대로 했는데, 다 지나고 보니 뭔가 거대하고 불합리한 시스템에 사기를 당한 기분이 든다. 이게 무슨 공영선거란 말인가? 승자에게만 유리

둘쭉날쭉 선거제도

한, 승자에게만 관대한, 현재의 선거제도를 바꾸지 않는다면 새로운 사람들이 어떻게 등장할 수 있겠는가?

## 후보자 검증 못 하는 현행 선거제도

후보자 검증을 위한 방편으로 범죄 기록, 세금 납부 기록, 병역에 대한 기록을 제출해야 했다. 그런데 가만히 보면 이런 내용이 부적절한 사람의 출마를 제지하거나 가려내기 위한 수단이 되기보다 그저 단순 사실의 기록에 불과함을 알 수 있다. 범죄 기록이 아무리 많더라도, 탈세를 아무리 많이 저질렀더라도 기록만 제시하면 선거 후보자가 될 수 있다. 이런 방식으로 후보를 검증하는 게 적합하지 않다는 사실을 우리는 역사를 통해 얼마나 많이 배워왔던가?

지방의회든 국회든 간에 국민의 대표자가 되면 그 자리에서 수행해야 할 역할이 있다. 다시 말해 직위마다 요구하는 역할이 있는 것이다. 그런데 현 선거제도는 후보자가 그 역할을 적절하게 수행할 능력이 있는가에 대한 고려를 하지 않고 있다. 도저히 이해할 수가 없다. 대기업의 직원이 되려는 사람은 다양한 시험

유모차 밀고 선거 나온 여자

과 면접 과정을 거쳐야 한다. 하지만 현행 선거제도하에서는 국민의 대표가 되려고 나선 이가 과연 제대로 된 사고를 할 수 있는 사람인지 검증하는 데 필요한 자료가 너무나 부족하다.

최근 언론에 자주 등장하는 정치인들의 '유체이탈 발언'을 보며 생각했다. '저 사람 치매인가?' 머리를 검게 염색해 젊어 보이지만 언행은 전혀 그렇지 않으니 말이다. 높은 자리에 오르긴 했으나 현실 문제를 해결하지 못하는 이들의 모습을 보면서는 '꼭두각시 아니면 허수아비인가 보다' 하고 생각했다. 어떤 종류의 스타성을 이용해 국민을 대표하는 자리에 올랐지만, 자신에게 주어진 힘과 권한을 활용해 문제를 해결할 능력이 없어 보이는 경우가 빈번하다.

이런 식이라면 유권자가 투표를 하기 전에 후보자를 더 면밀히 검증할 다른 기준이 선거제도 안에서 제시되어야 하지 않을까?

## 무소속 후보 추천장 검증도 허술

구의원 선거에 무소속 후보로 나오려면 지역 주민 50인 이상한

테서 도장이 찍힌 추천장을 받아 제출해야 한다. 나와 남편은 효창동에서 아이를 키우고 마을 활동에 꾸준히 참여해왔기 때문에 왕래하는 주민이 50명 이상은 족히 된다. 예측하지 못한 긴급한 일이 생기면 전화 한 통화로 도움을 청할 이웃들도 있다. 참 감사한 일이다. 따라서 구의원 선거 무소속 후보자로 출마하기 위해 지역 주민 50명 이상에게 추천받는 일은 어렵지 않았다. 그런데 추천장에 그분들의 도장을 찍는 것은 전혀 별개의 문제였다. 요즘은 은행에서조차 도장을 안 쓰는 추세인데, 도장을 찍어오라니?

어쩌면 우리 사회에서 도장을 찍는다는 행위에 담긴 무게감 때문에 도장 찍힌 추천장을 받아오라는 것일 수도 있다. 하지만 막상 선관위에서 추천인 명부를 확인하는 과정을 보니, 추천인의 주소와 이름을 확인하고는 끝이었다. 추천장 확인을 이렇게 형식적으로 할 거면 왜 도장까지 찍어오라고 하는 것일까? 막도장은 2000~3000원이면 팔 수 있는데, 만일 누군가 거짓으로 해당 지역에 거주한다고 추천인 명부를 써오면 어쩌려고 제대로 확인하지 않는다는 말인가?

우리는 주민 추천을 받느라 발에 물집이 생기도록 종일 걷고 상황을 설명하고 협조를 얻으려고 고개를 숙여야 했다. 그렇게 어렵게 마감 직전에야 서류를 제출할 수 있었는데 선관위 직원들의 허술한 확인 절차를 보고서는 아연실색했다. 선관위에서 무소속 후보자에게 주민의 도장이 찍힌 추천장을 받아오라고 요구했으면, 응당 추천장에 도장을 찍은 주민의 주민등록 소재지가 맞는지, 해당 주민이 직접 도장을 찍었는지 등의 사실관계를 제대로 확인해야 하는 것 아닌가? 무소속 후보 출마자에게는 높은 기준을 제시하면서 정작 선관위는 행정 편의를 위해 확인을 허술하게 한다면 대체 그 기준은 무엇을 위해 존재하는 것인가?

## 재개표 하고 싶으면 800만 원 내야 한다고?

나는 개표 과정에 문제가 있을 수도 있다는 것을 페이스북에 올라온 역사학자 이만열 선생님의 글을 보고 알게 됐다. 전에는 그런 생각을 한 번도 해보지 못했다. 노학자의 글은 한 글자도 허투루 넘길 수 없는 내용이었다. 나름 사회에 대한 고민을 하며 살고자 노력해왔다고 생각했는데 이런 문제에 대해서는 눈이 멀어 있었다.

**이만열**
2013년 7월 10일 · 

[20130710 '개표부정'의혹, 언제까지 침묵해야 하나] 한 열흘 전에 경향신문에 작년 대선의 '개표의혹' 관련해서 글을 보냈다. 무슨 일인지 모르겠으나 차일피일 게재를 미루었다. 어제 아침, 정병진 목사님으로부터 경향신문에서 내 글을 보았다는 전갈을 받았다. 그러나 그 글 찾기가 쉽지 않았다. 이런 일련의 과정을 되돌아보면서 왜 그럴까 하고 한참 동안 생각했지만 잘 풀리지 않았다. 신문사가, 대선을 치른 지 벌써 반년이 지났는데 새삼 이런 글이 필요할까 하는, 독자적인 판단에 의해서 이렇게 되었다면 차라리 좋겠다. 독자들 가운데서도, 겨우 안정되어 가는 정권을 흔들고 흠집내기로 작심한 것이 아니라면 그냥 참는 것이 좋지 않겠느냐는 그런 생각을 하실 분들도 계실 것이다. 이해한다. 그러면서도 이런 생각도 하지 않을 수 없다. 지금이라도 '개표의혹'의 문제를 공론화시키지 않으면 앞으로 계속 치러질 선거가 지난 선거와 같은 의혹 속에서 지시가 않을 수 없게 될 것이고. 그렇게 되면 선거결과가 국민의 투표권 행사를 그대로 반영하지 못할 뿐아니라, 그런 선거를 통해서 탄생될 공직자나 정권 또한 정당성(정통성)을 확보하지 못할 것이다. 말하자면 민주주의의 건강성을 회복, 담보하기 위해서 한번은 공론화시키거나 더 나은 방안을 모색해야하는 것이다. 말하자면 미래에 방점을 찍고 싶다는 것이다. 그런 점에서 먼저 넓으신 이해를 구한다. 생각을 달리하는 분들에서도 이 글이 한국의 민주주의를 더 깊이 고민하는 계기가 되었으면 한다. 아래 글은 경향신문에 보낸 원고로서 [ ]안의 글은 신문사의 편집과정에서 삭제된 부분이다.

<개표부정'의혹, 언제까지 침묵해야 하나.>

국정원 '선거개입'문제는 그 동안 잠복된 더 심각한 문제를 떠올린다. 선관위가 방치하다시피한 '개표부정'이다. 이것은 작년 말 대선 때에 제기되었고. 대선 뒤 유권자에 의한 선거무효소송, 해외의 유권소운동으로 전진되었으며. 최근에는 중앙선거위와 지역선거관련자에 검찰에 고발된 상태이다.

'개표부정'과 관련, 먼저 '전자개표'문제를 들 수 있다. 18대 대선 개표에서 사용된 전자개표기가 그 뒤 조작조성(컴퓨터시스템)으로 공직선거법 부칙 제5조를 위반한 '불법장비'임이 드러난다. 대법원은 선관위의 '서면자료'를 근거로 '단순기계장치'라 했고(2003), 선관위도 '투표지분류기'로 말을 바꾸었다(2006). 단순기계장치라 했건, 투표지분류기라 했건 그것이 제어용컴퓨터와 투표지분류기로 구성된 통합체로 되어 있는 한 명칭이 어떻게 바뀌어도 전산조직인 전자개표기임이 분명하다. 일반인들은 제어용컴퓨터가 있는 투표지분류기를 전산코드에 입력하면 전혀 움직이지 않기 때문에, 투표지분류기는 대법원이 말한 단순기계장치가 아니고 전산장비라고 주장한다.

더 따져야 할 것은 그 기계가 선관위의 주장대로 투표지분류기라 하더라도, 선관위 내부시행공문에 전산조직으로 명시되어 있기 때문에, 공직선거법 부칙 제5조의 규정 범위를 벗어난 선거(대통령, 국회의원, 시도지사에 사용된다면, 그것은 직권남용으로 불법이라는 것이다. 법이 그렇다면, 그것이 투표지분류기인가 전자개표기인가를 떠나서 보궐선거 이외에는 사용될 수 없다. 더구나 "전자개표기를 통과해선 혼표, 무효표가 발생"했다는 것은 "소프트웨어(운용프로, 그램) 조작"의구심마저 들게 됐다. 여기서 선거법이 전산장비를 사용하지 못하도록 규정한 이유가 규명해진다. 18대 대선개표에서 혼표 무효표가 나온 것은 선거법 위반의 우려가 현실로 나타난 것이 아닐까.

또 하나, 18대 대선에서 개표의 주 수단인. 100매 묶음의 투표지를 1매씩 효력유무를 육안으로 확인하면서 2명 내지 3명이 확인해야 하는 수개표(手開票: 투표지효력 특정세력을 유리하게 하려는 것이다. 개표상황표에 나타난 개표개시 시각과 수개표에 소요되는 시간을 종합할 때, 수개표를 제대로 하지 않았다는 것은 전국적으로 드러난다. 법과 유권자를 우롱한 선관위의 직무유기가 확인되는 대목이다. 수개표를 거의 하지 않았다는 것은 공직선거법 제178조 위반이며 개표무효에 해당한다.

[선거관리의 허점은 다른 곳에서도 보인다. 투표용지 교부수보다 투표자수가 많기도 했고, 투표가 진행 중인데도 개표기를 돌렸는가 하면, 투표지 분류 전에 개표결과가 중앙선관위로는 달리 방송으로 공표되었다. 이는 무엇을 말하는가. "중앙선관위와 각 지역선관위가 일제히 되어 부정선거에 개입"되었다는 증거가 아닐까.]

민주주의의 근간은 선거에 있다. 그 공정성이 바로 정권의 정당성도 담보한다. 선거에서 특정세력을 유리하게 하려는 의도는 결과적으로 정권의 정당성을 훼손한다. 개표상황에서 보여준 의iconic 혼란은 법을 유린하고 유권자의 의사를 도둑질한 것이다. 네티즌들이 인터넷 공간에서 분노하고. 1만여명의 유권자가 선거무효소송에 참여한 것은 이 때문이다.

아직도 정치권과 언론은 묵언수행중이다. 사이버언론이야 그렇다 치더라도 야권은 왜 오불관언인가. 당신들에게는 거래가 끝난 사안일지 모르지만, 우리에게는 밝혀지지 않은 그 진실이 한국 민주주의 사활의 문제다. 선관위의 직권남용과 직무유기가는 법의 심판을 받아야 하고, 허술한 대법원을 시급하다. 재판을 맡은 대법원이 머뭇거린다는 인상을 주어서는 안된다. 검찰도 고발된 선관위 관련자들에 대한 조사를 서둘러야 한다. 정치권과 언론은 야합과 침묵의 카르텔을 깨고, 이 나라 민주주의를 위한 대승적 결단에 나서라. 유권자는 피를러 지켜온 민주주의를 사수하기 위한 행동이 필요한 때다.

좋아요 취소 · 댓글 달기 · 공유하기

---

[20130710 '개표부정' 의혹, 언제까지 침묵해야 하나]

한 열흘 전에 경향신문에 작년 대선의 '개표 의혹' 관련해서 글을 보냈다. 무슨 일인지 모르겠으나 차일피일 게재를 미루었다. 어제 아침, 정병진 목사님으로부터 경향신문에서 내 글을 보았다는 전갈을 받았다. 그러나 그 글 찾기가 쉽지 않았다. 이런 일련의 과정을 되돌아보면서 왜 그럴까 하고 한참 동안 생각했지만 잘 풀리지 않았다. 신문사가, 대선을 치른 지 벌써 반년이 지났는데 새삼 이런 글이 필요할까 하는, 독자적인 판단에 의해서 이렇게 되었다면 차라리 좋겠다. 독자들 가운데서도, 겨우 안정되어 가는 정권을 흔들고 흠집내기로 작심한 것이 아니라면 그냥 참는 것이 좋지 않겠느냐는 그런 생각을 하실 분들도 계실 것이다. 이해한다. 그러면서도 이런 생

유모차 밀고 선거 나온 여자

각도 하지 않을 수 없다. 지금이라도 '개표의혹'의 문제를 공론화시키지 않으면 앞으로 계속 치러질 선거도 지난 선거와 같은 의혹 속에서 치르지 않을 수 없게 될 것이고, 그렇게 되면 선거 결과가 국민의 투표권 행사를 그대로 반영하지 못할 뿐 아니라, 그런 선거를 통해서 탄생될 공직자나 정권 또한 정당성(정통성)을 확보하지 못할 것이다. 말하자면 민주주의의 건강성을 회복, 담보하기 위해서 한번은 공론화시켜 더 나은 방안을 모색하자는 것이다. 말하자면 미래에 방점을 찍고 있다는 것이다. 그런 점에서 먼저 넓으신 이해를 구한다. 생각을 달리하는 분들께서도 이 글이 한국의 민주주의를 더 깊이 고민하는 계기가 되었으면 한다. 아래 글은 경향신문에 보낸 원고로서 [ ] 안의 글은 신문사의 편집과정에서 삭제된 부분이다.

〈'개표부정' 의혹, 언제까지 침묵해야 하나.〉

국정원 '선거개입' 문제는 그동안 잠복된 더 심각한 문제를 떠올린다. 선관위가 방치하다시피 한 '개표부정'이다. 이것은 작년 말 대선 때에 문제로 제기되었고, 대선 뒤 유권자에 의한 선거무효소송, 해외의 유권소운동으로 진전되었으며, 최근에는 중앙선관위와 지역선관위 관련자들이 검찰에 고발된 상태다.

'개표부정'과 관련, 먼저 '전자개표기' 문제를 들 수 있다. 16대 대선 개표에서 사용된 전자개표기가 그 뒤 전산 조직(컴퓨터 시스템)으로서 공직선거법 부칙 제5조를 위반한 '불법 장비'임이 드러나자, 대법원은 선관위의 '서면 자료'를 근거로 '단순 기계 장치'라 했고(2003), 선관위도 이를 '투표지 분류기'로 말을 바꾸었다(2006). 단순 기계 장치라 했건, 투표지 분류기라 했건 그것이 제어용 컴퓨터와 투표지 분류기로 구성된 통합체로 되어 있는 한 그 명칭이 어떻게 바뀌어도 전산 조직인 전자개표기임이 분명하다. 항변자들은 제어용 컴퓨터가 없는 투표지 분류기를 전기 코드에 입력해도 전혀 움직이지 않기 때문에, 투표지 분류기는 대법원이 말한 단순 기계 장비가 아니고 전산 장비라고 주장한다.

더 따져야 할 것은 그 기계가 선관위의 주장대로 투표지 분류기라 하더라도, 선관위 내부시행공문에 전산 조직으로 명시되어 있기 때문에, 공직선거법 부칙 제5조의 규정 범위를 벗어난 선거(대통령, 국회위원, 시도지사)에 사용된다면, 그것은 직권남용으로 불법이라는 것이다. 법이 그렇다면, 그것이 투표지 분류기인가 전자 개표기인가를 떠나서 보궐선거 이외에는 사용될 수 없다. 더구나 "전자개표기를 통과하면서 혼표, 무효표가 발생"했다는 것은 "소프트웨어(운용프로그램) 조작" 의구심마저 들게 했다. 여기서 선거법이 전산 장비를 사용하지 못하도록 규정한 이유가 분명해진다. 18대 대선 개표에서 혼표 무효표가 나온 것은 선거법 위반의 우려가 현실로 나타난 것이 아닐까.

또 하나. 18대 대선에서 개표의 주 수단인, 100매 묶음의 투표지를 1매씩 효력 유무를 육안으로 확인하면서 2명 내지 3명이 확인해야 하는 수개표(手開票: 투표지효력 유무검사)를 거의 하지 않았다는 것이다. 개표 상황표에 나타난 개표 개시 시각과 수개표에 소요되는 시간을 종합할 때, 수개표를 제대로 하지 않았다는 것이 전국적으로 드러나고 있다. 법과 유권자를 우롱한 선관위의 직무유기가 확인되는 대목이다. 수개표를 거의 하지 않았다는 것은 공직선거법 제178조 위반이며 개표 무효에 해당된다.

[선거관리의 허점은 다른 곳에서도 보인다. 투표용지 교부수보다 투표자수가 많기도 했고, 투표가 진행 중인데 개표기를 돌렸는가 하면. 투표지 분류 전에 개표 결과가 발표되었고, 전국 집계가 중앙선관위와는 달리 방송으로 공표되었다. 이는 무엇을 말하는가. "중앙선관위와 각 지역선관위가 일체가 되어 부정선거에 개입"되었다는 증거가 아닐까.']

민주주의의 근간은 선거에 있고, 그 공정성이 바로 정권의 정당성도 담보한다. 선거에서 특정 세력을 유리하게 하려는 의도는 결과적으로 정권의 정당성을 훼손한다. 개표 상황에서 보여준 이 같은 혼란은 법을 유린하고 유권자의 의사를 도둑질한 것이다. 네티즌 수십만이 인터넷 공간에서 분노하고, 1만여 명의 유권자가 선거무효소송에 참여한 것은 이 때문이다.

아직도 정치권과 언론은 묵언수행 중이다. 사이비 언론이야 그렇다 치더라도 야권은 왜 오불관언인가. 당신들에게는 거래가 끝난 사안일지 모르지만, 우리에게는 밝혀지지 않은 그 진실이 한국 민주주의 사활의 문제. 선관위의 직권남용과 직무유기는 법의 심판을 받아야 하고, 허술한 법망 정비는 시급하다. 재판을 맡은 대법원이 머뭇거린다는 인상을 주어서는 안 된다. 검찰도 고발된 선관위 관련자들에 대한 조사를 서둘러야 한다. 정치권과 언론은 야합과 침묵의 카르텔을 깨고, 이 나라 민주주의를 위한 대승적 결단에 나서라. 유권자들에게도 피흘려 지켜온 민주주의를 사수하기 위한 행동이 필요한 때다.

6.4지방선거에서 나는 1715표로 8.7%의 득표율을 얻었다. 1만 9800여 표가 유효표로 집계되었는데 내가 200표 정도만 더

유모차 밀고 선거 나온 여자

얻는다면 10%로 선거비용의 50%를 보전받을 수 있었다. 오차라는 게 있을 수도 있으니 재검표를 해보고 싶었다. 재검표와 관련된 기사를 검색해보니 개표기 오류를 지적하는 내용이 다수였다. 그래서 선관위에 재검표를 요청했다. 그랬더니 메일로 이런 답변이 왔다.

**후보자별 득표 상황 송부**
보낸사람: 이재득

안녕하십니까?
용산구선거관리위원회 정희찬입니다.
요청하신 후보자별 득표 상황(용산구의원선거 가선거구)을 붙임과 같이 송부합니다.
아울러 문의하신 선거 소청 비용 관련해서는 서울특별시선거관리위원회에 문의해본 결과 2006년도 구의원선거 소청 비용이 800만 원 소요되었다고 하오니 참고하시기 바랍니다.
기타 소청 관련 문의는 아래로 연락하시기 바랍니다.
서울특별시선거관리위원회 소청담당자 민병오 계장(02-744-1390, 02-762-3939).

**검비용 관련(이광조 사무장님)**
보낸사람: 박종민

안녕하세요.
중앙선관위 법제과 박종민 사무관입니다.
재검 비용 관련하여 예납 근거 및 산출 기준에 대한 질의가 있었다고 전달받아 답변 드립니다.
붙임 문서 참고하시면 도움이 되실 것 같습니다.
용산구 선관위에서 800만 원 정도 재검 비용이 들 것으로 예상된다는 답변을 들으셨다고 하셨는데 재검 비용은 실제 소청이 제기되고 다시 계산을 해봐야 정확한 금액이 산정될 것 같습니다.

붙임 문서의 산출 기준은 2006년을 기준으로 작성된 것이므로, 실제 2014년은 재검 비용이 조금 더 올라갈 수 있다는 점 이해 부탁드립니다.

질의하신 내용에 도움이 되셨으면 좋겠습니다.

오늘도 좋은 하루 보내시기 바랍니다.

—중앙선관의 법제과 박종민 배상—

200표면 약 2만 표의 1% 정도다. 이 정도 오차는 얼마든지 날 수 있기 때문에 재검표를 하고 싶었다. 또 오류가 많이 나는 기계로 개표한 것이니 법에 명시된 대로 수手개표를 요구했다. 그런데 답변 내용은 소청 비용이 800만 원 이상 든다는 것이었다. 게다가 선불이란다. 선거비용 200만 원 보전받으려고 800만 원을 낼 수는 없는 노릇 아닌가. 무력감을 느꼈다. 돈 200만 원을 보전받지 못해서가 아니라, 이의를 제기하는 데 드는 비용을 감당할 능력이 없다는 현실 때문이었다. 아니, 시민의 권리를 경제력으로 제한하는 기막힌 현실 때문이었다.

유모차 밀고 선거 나온 여자

# 5

## 티격태격
## 유권자들

선거를 치르며 많은 사람을 만났고 많은 이야기를 들었다. 유쾌하며 고마운 만남도 있었고 그렇지 않은 만남도 있었다. 즐겁고 힘이 솟는 이야기도 있었고 답답하고 화나는 이야기도 있었다. 하지만 나는 웃어야 했고 들어야 했다. 후보였기 때문이다.

　유권자들은 후보인 내게 자신의 생각과 의견을 말할 권리가 있다고 생각했다. 옳다고 생각한다. 하지만 때로 무례한 방식으로 전달되어 내 마음에 생채기를 내기도 했다. 그럼에도 나의 부족함을 깨닫는 경우가 빈번했다. 정치인에 대한 유권자의 기대를 알게 되었지만, 한편으로는 유권자들이 느끼는 정치적 효능

유모차 밀고 선거 나온 여자

감이 얼마나 낮은지도 알게 되었다. 그래서 젊고 여자인데다 조직도 없어 당선되기 어려운 나를 뽑는 건 의미 없다고 판단하고, 설령 내가 뽑힌다 해도 도긴개긴일 거라 생각하는 유권자의 패배주의도 목격했다. 후보로서 유권자들의 패배주의에 직면하자 비로소 내 안의 패배주의를 자각했다. 나 역시 정치에 대한 깊은 패배주의를 가지고 무관심으로 일관해온 것을 말이다. 다행히 진정성으로 자신의 소중한 권리를 행사하는 시민들이 곳곳에 있다는 데서 희망을 봤다.

결론적으로 이 모든 과정에서 나는 '공직 선거 후보가 된다는 것'에 대해서 배울 수 있었다. 여기에서는 나를 성장하게 해준 유권자들을 소개하려 한다. 그들의 사고는 때론 나를 괴롭혔고 때론 부끄럽게 만들었으나 결국은 동네 아줌마를 어엿한 후보로 만들어주었다.

## 앞집 택시 기사 할아버지에게 외면당하다

우리 집은 차가 없다. 지금 생각하면 직장 다닐 때 차를 사뒀어야 했다. 그때 이래저래 셈을 해보니 택시 타는 게 차 사서 굴리는 것보다 싸게 먹혔다. 중고차를 사더라도 1000만 원에 보험료, 기름값, 유지비 그리고 감가상각비까지 따져보니 월 80만 원은 자동차와 관련한 비용으로 지출될 터였다. 그래서 사지 않기로 했다. 개인택시 기사인 앞집 할아버지와도 차 사는 문제를 이야기해봤는데, 이런 나의 생각에 동조해주셨다. 당시 형편에는 차가 없는 편이 낫다는 생각이었지만, 애가 둘이 되고 보니 그때 차를 샀어야지 싶다. 애 키우는 집에 차는 필수품인 것을….

앞집 개인택시 기사 할아버지는 우리 동네에서 꽤 오래 사신 듯하다. 다세대주택이지만 어쨌든 번듯한 자기 건물을 가지고 계시다. 자그마한 가게를 한다는 사모님이 장독 광에서 항아리를 닦는 모습을 몇 번 봤는데, 따뜻하고 점잖은 분 같았다. 개인택시 기사 할아버지와도 오가며 만날 때 이야기를 나누어봤는데, 그분의 풍부한 상식에 놀라기도 했다. 매일 택시 안에서 다양하고 많은 사람을 만나니 사회 흐름을 잘 알고 계신 것 같다고 생각했다.

하지만 내가 구의원에 출마한 후 뭔가 불편함이 생겼다. 길에서 만나 인사를 드렸는데 고개를 돌리며 피하셨다. 처음에는 못 보셨나보다 하고 생각했다. 그런데 몇 차례 반복되면서 뭔가 나한테 불편한 게 있구나 싶었다. 구의원 후보가 되었는데 동네 유

유모차 밀고 선거 나온 여자

지인 개인택시 기사 할아버지가 날 이리 대하시다니! 게다가 늘 먼저 인사를 건네시던 할머니도 비슷한 반응을 보이셨다. 뭘까, 왜 그러신 걸까?

선거운동이 무르익어갈 무렵 동네 어귀에서 할아버지와 마주쳤다. 웬일인지 "더운데 고생이 많다"며 먼저 말을 건네셨다. 나는 "태어나서 이런 고생은 처음 해본다"며 너스레를 떨었다. 할아버지는 나에게 그동안 용산에서 선거에 출마했던 여러 후보의 이야기를 한참 들려주셨다.

예전에 나온 어떤 후보는 새파랗게 젊은 놈이 겁도 없이 출마했다가 재산을 다 날려먹었다. 젊은 놈이 뭘 좀 안다고 거들먹거리며 나왔다가 그 꼴이 난 것이다. 아무개는 여자인데 시건방지게 후보로 나와서 계속 떨어지고 있다. 지금 구청장은 용산에서 오랫동안 학원을 하던 사람이다. 용산은 절대 만만한 곳이 아니기 때문에 그 사람처럼은(?) 해야 명함을 내밀 수 있다.

이것이 개인택시 기사 할아버지가 하신 말씀의 골자였다. 남 이야기처럼 했지지만 나 들으라고 하신 말씀이었다. 새파랗게 나이 어린 게, 게다가 여자가 무슨 정치를 하겠다고 나와서 설치느냐는 것이었다. 모처럼 먼저 아는 체를 하셔서 한껏 반가웠는데 그런 말씀을 들으니 속이 상했다. 얼굴에 드러낼 순 없으니

티격태격 유권자들

백치처럼 환하게 웃으면서 인사하고는 집으로 들어왔다.

## 빨간당 입당 권유한 "무조건 1번" 할아버지

아침 출근 시간에 버스정류장 앞에서 선거운동을 하는 중이었다. 그 옆 백곰빵집 앞을 청소하던 할아버지가 나에게 오시더니 명함을 하나 달라고 했다. 명함을 힐끗 보시더니, "당신 4번이야? 나는 1번 뽑아. 우리는 무조건 1번이지. 당신이 아무리 해봐야 소용없어"라고 하신다. "왜 그런지 여쭤도 될까요?" 하자 "여자가 정치를 하려면 박 대통령 정도는 돼야지. 든든한 아버지 밑에서 보고 배운 게 있어야 표를 얻지."

'여자가 정치' '박 대통령 정도' '든든한 아버지' '보고 배운 것' 등 온통 내가 감당 못할 단어만 나열하신다. 이런 분과 대화하기란 너무 힘든 일이다. 일단 "여자가~"에서부터 소화가 안 된다. 내가 아무리 한 표가 아쉬운 입장이라고 해도 '해봐야 소용없다'고 못 박는 분을 굳이 설득하고 싶지는 않다. 어차피 이분에게 나는 아무리 애를 써봐야 안 된다. 4번이라서, 여자라서, 박 대통령처럼 위대한 아버지를 두지 못해서. "오늘 나눠드릴

170

유모차 밀고 선거 나온 여자

명함이 많네요." 하고 백치처럼 웃음을 지으며 다른 사람들에게로 갔다.

그런데 얼마 후 이 할아버지가 빗자루를 든 채 내게로 오신다. 백곰빵집 건물의 소유주라고 하면서 자기가 선거를 얼마나 많이 치렀는지 설명하며 대한민국 근대사를 줄줄 외고는, 나에게 물으신다. "아줌마가 서정원 본인이여?" 그렇다고 대답하자 배울 만큼 배웠으니 정치를 해도 되겠단다. 그 사이에 명함을 읽어보셨나 보다. 기호, 성별, 혈통 다 불합격인데 학벌이 그 모든 것을 극복하게 하는구나. 서울대 간판이 좋긴 좋구나 싶었다. 그래도 할아버지는 1번을 찍으실 거란다. 그러니까 빨간당에 입당하라고 하셨다.

이 할아버지의 말씀은 '아줌마는 총체적으로는 낙제지만, 학벌 좋은 것 하나 때문에 정치 입문이 가능하다. 그러니 가능성 있는 빨간당에 입당하라' 정도로 요약할 수 있겠다. 할아버지가 무조건 1번을 찍는 이유를 제대로 설명해주셨더라면 나도 빨간당에 입당하라는 권유에 뭔가 답변을 드렸을 텐데…. 내가 할아버지를 설득하지 못한 것처럼, 그 할아버지도 나를 설득하지 못했다.

티격태격 유권자들

## 돈 안 쓰면 떨어진다고 낙선 예언한 할아버지

전철역에서 명함을 나눠주고 있는데 풍채 좋은 할아버지 한 분이 다가와 말을 거신다. 선거공보에서 내 프로필과 공약을 유심히 살펴보셨단다. 나를 만난 것을 아주 반가워하셨다. 할아버지는 용산은 "야 성향"이 강한 곳이라고 하셨다. 지역 국회의원 당적이 여당이기는 해도 용산은 뿌리 깊이 전라도와 충청도 출신의 "야 성향" 세력이 꽤 센 곳이라고 말씀해주셨다. 특히 이번 선거에서 파란당이 공천한 인물에 대해서는 "야 성향" 사람들의 뜻이 반영되지 않아 못마땅해 하는 의견이 많다고 하셨다. 그러니 내가 열심히 뛴다면 파란당에 못마땅해 하는 사람들의 표가 나에게 올 것이라는 말씀이다.

그러고는 물으셨다. "선거비용은 어떻게, 얼마나 쓰고 계시는가?" 기탁금 200만 원은 친척 분이 내주셨고, 선거공보와 벽보, 현수막 비용으로 약 200만 원 나왔는데, 가진 돈 털고 지인들이 후원해준 걸로 처리할 생각이라고 대답했다. 할아버지는 무척 놀라셨다. 지금까지 쓴 돈이 겨우 그만큼이냐고 물으셨다. 나는 선거운동원을 두지 않았기 때문에 돈 쓸 일이 없었다고 말했다.

또 유세 차량 대신 유모차에 선거 벽보를 붙였기 때문에 유세 비용도 들지 않는다고 덧붙였다. 그러자 할아버지는 뜻밖의 반응을 보이셨다. "당신은 이번 선거가 목표가 아니구만? 돈을 그렇게 밖에 안 쓴다는 것은 이길 의지가 없다는 거지. 이번에 이름 알려서 다음에 하려고 밑밥 까는 건가? 유모차에다가 포스터 붙여 다니면서 어떻게 당선이 되나? 애들 장난하는 것도 아니고."

나는 선거운동원이 하는 일은 후보 이름 적힌 옷 입고 돌아다니는 것과 벽보나 피켓 들고 인사하는 정도인데, 그걸 안 한다고 낙선한다는 논리를 이해하기 어렵다고 말씀드렸다. 그리고 사람들이 출근하고 나면 동네가 비는데 유세 차량을 돌리는 게 무슨 의미인지 궁금하다고 여쭸다. 할아버지 말씀인즉슨, 선거운동원으로 돈 받은 사람들이 마을 사람인 고로 자기 지인들에게 홍보를 해준다는 것이다. 또 출근하는 사람들 중에는 투표를 잘 하지 않는 사람이 많지만 낮에 동네에 있는 사람들은 대부분 투표를 한다는 것이다. 그러니 그런 사람들 표를 얻기 위해 돈이 많이 들더라도 돈을 써서 선거운동을 하는 게 맞다는 것이었다. 월드컵 경기 승부를 예언하던 문어처럼 할아버지의 낙선 예언은 들어맞았다. 득표율 8.7%, 1715표를 얻어 낙선했으니.

그간 만난 할아버지들과의 대화를 반추해보면 그분들이 선거

티격태격 유권자들

와 후보자에 관해 어떤 생각을 하고 계신지 유추해볼 수 있다.

개인택시 기사 할아버지가 "그 사람처럼은 해야"라고 언급한 사람은 50대 남성인 당시 구청장이었다. 풍문에 따르면 지역에서 오랫동안 입시 및 보습학원을 여럿 운영했다고 한다. 내게 빨간당 입당을 권유한 할아버지가 예로 든 인물은 60대 여성인 현 대통령이었다. 할아버지 생각에 이분은 대통령이었던 아버지의 피를 이어받아 대통령 자격을 갖춘 인물인 것이다.

할아버지들의 말씀에는 정치인의 연령, 성별, 혈통, 배경에 있어서 그분들이 선호하는 바가 담겨 있다. 투표를 꼭 하신다는 이 할아버지들은 50대 이상의 남성을 선호하고, 그게 아니면 가족이나 친족이 정치적 배경이 있거나, 지역과 국가에 기여했다고 여기는 후보자를 지지한다. 즉 사교육 기관을 오래 운영한 경력을 지역의 교육 발전에 이바지한 것으로 평가하고, 전직 대통령의 딸이란 신분이 현직 대통령을 뽑게 한 최고의 자원이었음을 유추할 수 있었다.

기호 1번에 대한 맹목 또한 인상적인 현상이었다. 선거운동을 하면서 만난 어르신 대부분은 1번 후보가 누군지도 잘 모르면서도 1번을 뽑을 것이라고 단호히 주장하셨다. 기호 1번은 국회 의석수가 가장 많은 당 소속임을 의미하기 때문에 인물에 대해 문지도 따지지도 않고 찍는다는 것이다. 참 신기한 현상이다. 이러는 이유가 뭘까?

사실 공원과 동네에서 만난 어르신 대부분은 '제도적인 지원'이 필요한 분들이었다. 그런데 그분들을 위한 제도적인 지원, 즉 정부 차원의 지원을 이끌어내는 정책에는 여당보다 야당이 더 적극적이다. 여당은 이미 기득권을 가지고 있기 때문에 현 질서를 유지하기 원하고 야당은 질서의 변화를 원한다. 이런 맥락에서 어르신들의 1번 맹목은 자신의 이해에 반하는 선택인 것이다. 그럼에도 묻지도 따지지도 않고 1번인 이유는 뭘까?

고려대 강수돌 교수가 1번 맹목 현상을 조금 설명하고 있다는 생각이 든다. 고달픈 처지에 놓인 사람들은 세력화를 통해 질서를 바꾸기보다 현 체제에 더 적극적으로 협력하는 생존 전략, 즉 '강자 동일시'를 구사한다는 것이다. 기존 질서 체제를 대표하는 기호 1번에 대한 고달픈 사람들의 맹목은 강자 동일시가 아니면 설명되지 않을 것 같다. 이는 프레이리가 《페다고지》에서 인용한 알베르 멤미의 '식민화된 의식'과도 맥이 닿는다. 억눌린 자들은 억누르는 자와 그들의 생활양식을 동경하고 그들의 가치 기준을 내면화한다는 것이다.

선거판의 룰은 그런 면에서 강자에게 유리하다. 국회 최다 의석을 가진 당에게 1번이라는 기호를 부여하기 때문이다. 유권자 다수에게서 나타나는 1번 맹목은 인물의 됨됨이나 정책 내용보다 힘센 자에게 기대려는 대중의 심리이자, 인물과 공약을 일일이 살펴보고 비교하는 것을 귀찮아하기에 벌어진 현상이다. 이는 나같이 세력 기반이 없는 선거 후보에게는 절대 넘지 못할 벽으로 작용한다.

이것만이 아니다. 돈이 많이 드는 현재의 선거운동 방식도 고민해봐야 한다. 왜 기호가 적힌 옷을 입은 사람들을 동원하고 대형 사진이 박힌 유세 차량을 돌리는 방식으로 선거운동이 정형화되었을까? 그렇게 하지 않는 건 선거운동도 아니고, 선거에서 이길 생각이 없는 것이라는 인식은 도대체 무엇일까? 나는 새벽 6시부터 밤 11시까지 운동화가 너덜너덜해지도록 걸어다녔는데, 선거비용 적게 썼다고 "애들 장난"이라니….

나는 이러한 인식에서 두 가지 문제의식을 느낀다. 첫째는 선거운동의 정해진 공식, 즉 현수막 몇 장과 선거운동원 몇 명, 유세 차량 몇 대를 이용하는 것만을 선거운동이라고 생각하는 인식은 너무 경직되어 있다는 것이다. 물론 공정한 선거를 위해 최소한의 규정은 당연히 존재해야 한다. 그런데 거기에 갇혀 검소하고 창의적인 선거 문화의 육성을 우리 스스로 제한하고 있는

유모차 밀고 선거 나온 여자

것은 아닌지 고민해봐야 한다.

지난 6.4 지방선거에서 지역 구의원의 경우 선거 비용은 3500만 원을 기본으로 지역구의 인구수 한 명당 100원을 곱한 금액을 더한 금액으로 산정되었다. 나의 경우 선거비용 제한액은 6800만 원이었다. 이 비용은 당락에 관계없이 득표율이 15% 이상이면 전액, 10% 이상이면 반액을 선거관리위원회가 보전해준다. 500만 원 정도 쓴 나는 8.7%를 득표했지만 한 푼도 보전을 받지 못했다.

500만 원은 학생 부부로 살면서 아직 제대로 된 가족여행 한 번 가보지 못한 우리가 한 달 동안 국내 일주를 할 수 있는 돈이다. 하지만 아쉽지 않다. 선거를 치르면서 내가 이 사회의 구성원인 것을 확인했고 사람들에게 많은 것을 배웠다. 남편과 자주 다투기도 했지만, 내가 모르던 남편의 이모저모를 볼 수 있는 기회이기도 했다. 마치 오랫동안 함께 여행을 한 것처럼 말이다. 그래서 그 돈이 아깝지는 않다.

다만, 선거비용이라는 진입 장벽 때문에 동네일 하는 데 뜻을 둔 사람들이 선거에 참여하지 못하는 게 안타깝다. 역으로 돈이 넉넉히 있으면, 비류와 같은 자여도 후보로 나설 수 있는 것도 문제다. 농담으로 한 말이었겠지만, "가짜 영수증을 잘 모아

티격태격 유권자들

라" "나를 선거운동원으로 등록해서 나중에 선거비용이 보전되면 돈을 더 받아라"는 말도 들었다. 일정 표 이상 득표하면 국민이 낸 세금으로 선거비용을 보전하는 현 제도를 비판하는 얘기가 아니다. 오히려 득표율이 어느 정도 이상이면 나라가 환불해주니 가짜로 선거비용을 부풀려도 된다는 사람들의 인식이 놀라웠다. 나랏돈은 눈먼 돈인가? 돌려받을 수 있으니 비용 대비 효율이 얼마나 좋은지 알 수도 없는 선거운동원 일당과 유세 차량 돌리는 데 돈을 아끼지 않아도 되는 것인가? 선거관리위원회에서 그런 일이 일어나지 않도록 여러 장치를 마련해두었고, 실제로 관리 감독이 철저해서 우리 부부는 지겨울 정도였지만, 마음이 썩 개운하지는 않았다.

## 청파동 '교회 청년'의 정치 혐오

수요일 밤이었다. 한 교회 앞에서 수요예배를 마치고 나오는 사람들에게 명함을 나눠주기 위해 기다리던 참이었다. 예배가 끝난 듯했지만 친교가 이어지는지 사람들이 거의 나오지 않았다. 그러다 한 남자가 교회 문을 열고 나오기에 명함을 건넸다. 그는

유모차 밀고 선거 나온 여자

잠시 멈춰 서서 명함을 살펴보더니, 사람들은 좀 더 기다려야 나올 거라며 질문을 몇 개 해도 되겠느냐고 물었다.

그의 첫 질문은 "배울 만큼 배운 분이 왜 이 험난한 선택을 했느냐?"였다. 질문의 의미를 이해 못 한 게 아니었으나, 나는 무슨 뜻이냐고 되물었다. 그는 "명함에 쓰인 학력과 경력을 보아하니 꼭 정치가 아니어도 할 수 있는 일이 많을 텐데 왜 굳이 더럽고 추하고 험난한 정치의 길에 들어가려고 하시죠? 똥물에 몸을 담그는 것이 아닌가요?" 하고 물었다. 가로등 아래 비친 그 청년의 얼굴에는 진심으로 나를 걱정하는 표정이 역력했다.

대답할 말이 없었다. 그 청년의 뜻을 모르지 않았다. 아니 오히려 잘 안다. 그는 나에게 '협잡꾼이나 하는 정치를 왜 하려고 하나, 지금은 아니더라도 당신 역시 그 물에 들어가면 결국 도긴개긴입니다'라고 말한 것이다. 선거에 출마하기 전까지 내 생각도 그와 많이 다르지 않았다. 마을 행사 때마다 얼굴을 들이미는 구청장과 구의원들을 아니꼬운 눈초리로 바라봤다. 속으로 그들을 '속이 시커먼 음흉한 사람들'이라고 생각했다. 또 방송에 나오는 정치인들의 행보를 보며 말과 행동이 일치하지 않는 모습에 신물이 났다. 사람에게 기대한 것이 잘못인지, 그 판에 들어가면 다 그렇게 되는 것인지, 아예 관심을 끄는 편이 속이 편했

179

다. 그런데 내가 그 혐오스러운 자리에 들어가겠다고 후보로 나왔고, 지금 질문을 받고 있는 것이다. 왜 그러느냐고.

그 청년에게 말했다. "나 역시 정치를 혐오하던 사람이에요. 그런데 그것은 정치꾼에 대한 혐오였지 정치인에 대한 것은 아니었어요. 우리가 정치가다운 정치인을 경험하지 못했기 때문에 정치를 부정적으로 보는 것일지도 몰라요. 나는 정치꾼이 아닌, 정치가가 되고자 해요. 공익에 이바지하는 길은 여러 가지가 있을 거예요. 시민단체에서 활동하거나 고시에 합격하는 것도 방법이 될 수 있겠지만, 지금 나는 선거라는 열린 기회에 시민의 한 사람으로서 한번 도전해보려고 해요. 다른 사람이 하지 못했다고 해서 나 역시 정치가가 되지 못하리란 법은 없는 거잖아요?"

그 청년이 말했다. "아줌마의 패기는 높이 살 만하지만, 결국 이길 수 없을 거예요. 당선이 된다 한들 아줌마 역시 똑같은 사람이 되겠죠. 뭔가 다를 수 있다고 생각하는 건 그만큼 순진하다는 뜻이에요."

딱 봐도 어린 청년이 나더러 "순진하다"고 하니 눈에 불똥이 튀었다. 욱하고 화가 치밀어 '젊은 사람이 패배주의에 절어서는! 행동할 용기가 없다면 남이 무엇을 하든 말든 무슨 상관이

유모차 밀고 선거 나온 여자

래? 가만히 있으려면 조용히 있으면 되지 왜 남한테까지 패배주의를 전도하려고 해?' 하고 쏘아붙이고 싶었으나 나는 후보자 아니던가?

참았다. 하지만 난 기가 죽었다. 가뜩이나 힘든데 마주치는 유권자들의 정치 혐오와 패배주의가 나를 더욱 지치게 했다 .

## 후암동 술 취한 아저씨는 정말 투표했을까

선거운동 돕겠다고 찾아온 후배와 함께 퇴근길 사람들을 만나기 위해 나섰다. 동자동에 사는 사람들이 다니는 숙대입구역 2번 출구를 공략했다. 동자동에는 새로 지은 프리미엄 주상복합 빌딩과 다세대주택, 그리고 쪽방촌이 있다. 주상복합 빌딩에 사는 사람들은 고급 승용차를 타고 다니니 길에서 만날 수 없다. 쪽방촌 분들 중에는 주소가 불분명한 분이 많아 만나더라도 유권자가 아닐 확률이 높다. 내가 공략해야 할 대상은 다세대주택에 사시는 분들이다. 이분들을 만나려면 시장에 가거나 출퇴근 시간 전철역에 진을 쳐야 한다. 퇴근 시간이 다가오자 다른 후보의 선거운동원 두 명이 나왔다. 내가 자리를 잘 잡았다는 걸 알 수 있었다. 선거운동원은 벽보나 홍보용 피켓 등을 들고 서 있으면서 인사만 할 수 있지만, 후보자인 나는 명함도 나눠주고 유권자들과 대화도 할 수 있다. 몸이 하나여서 한 번에 한 군데밖에 가지 못하는 게 아쉽다.

후암동 경계 인근 동자동 주민들은 청파동 주민들보다 덜 배타적이었다. 청파동에는 현 구의원이자 여당에서 단일 공천한 1번 후보와 제1야당의 후보가 산다. 야당 후보는 청파동에서 30년 넘게 살면서 자기 사업을 하던 인물이라 지역의 신망이 두터웠다. 그래서 청파동에서 선거운동할 때 이런저런 속상한 일을 많이 겪었다. 굳이 면전에 대고 나를 찍지 않을 거라고 말하는 사람들, 애나 잘 키우라고 훈계하는 사람들도 있었다. 나중에는 그러려니 하고 넘어갔지만 속은 계속 상했다. 하지만 이 동네에는 그런 분들이 없었다. 대부분 명함을 받아서 주머니에 넣거나 자세히 들여다봤다.

그런 분들 중에 가던 길을 돌이켜 나에게 다가와서 대화를 청한 남성이 세 분 있었다. 한 분은 나에게 주민자치와 지방자치제도의 철학과 역사를 설명해주신 할아버지고, 또 다른 한 분은 모든 식솔에게 구의원은 '기호 4번 서정원'을 찍으라고 말씀하셨다는 할아버지였다. 이 할아버지는 내 선거공보를 보고 '젊은 여

유모차 밀고 선거 나온 여자

자가 나와서 꼼꼼히 일을 잘할 것 같다'는 생각이 들어서 가족들에게 다 나를 찍으라고 말씀하셨단다. 두 할아버지와의 만남은 큰 힘이 되었다. 이 할아버지들에게서 선거운동 여정을 끝까지 지속할 힘을 얻었다.

마지막 한 분은 술에 취한 40대 아저씨였다. 처음엔 그분이 술에 취한 줄 모르고 명함을 드렸다. 그분은 명함을 받아들고 가다가 돌아와 내가 후보자 본인인지 물었다. 사실 그분과의 대화에는 별 내용이 없었다. '가끔 절기에 용산 미군 기지에서 선물이 나온다. 오늘 평택에 볼일이 있어 차를 두고 전철을 타고 다녀오는 길인데 속이 상해 술을 많이 마셨다. 정치인은 사람들을 도와야 한다.' 뭐 이런 내용이었는데 한 시간은 족히 얘기했다. 그분이 술에 취해 같은 말을 계속 반복했기 때문이다. 후배와 나는 난처하다는 뜻의 눈빛을 주고받았다. 후배는 취객(?)에게 붙들린 나를 대신해 다른 사람들에게 나를 알렸다. 취하기는 했지만 이분은 머리끝부터 발끝까지 깔끔했다. 매일 남편을 집밖에 내보내기 전 쭉 훑어보는 아줌마의 눈으로 보자면, 그분은 머리 길이도 적당하고 면도도 아침에 한 듯했다. 입은 옷의 디자인이나 색상도 좋았고, 신발까지 깨끗했다. 본인의 취향인지 배우자의 취향인지는 모르겠으나 잘 차려입은 티가 났다. 외견상 길에서 주정 부릴 사람으로 보이지는 않았다. 계속 같은 말을 반복했지만 사용하는 단어나 말투가 예의를 벗어나지 않았다. 내 눈에 이분은 성실하고 점잖은 어느 집 가장으로 만약 술에 취하지 않았으면 나에게 절대 말을 걸지 않았을 사람으로 보였다. 술기운이 구의원 후보에게 당부와 훈계를 할 용기를 불러일으킨 듯했다.

술 취한 아저씨가 기억에 남는 이유는 그분이 꼭 나를 찍겠다면서 내가 건넨 명함을 지갑에 고이 넣었기 때문이다. 자기가 술에 취해서 하는 말을 진지하게 들어줬으니, 나중에 술이 깨면 기억나도록 명함을 지갑에 넣어두는 거라고 했다. 원래 자기는 딱히 투표할 생각이 없었다고 했다. 하지만 술 취한 사람인데도 자기가 하는 말에 귀를 기울여줬기 때문에 투표할 이유가 생겼다고 했다. '투표할 이유'라는 말에 가슴이 먹먹해졌다. 솔직히 말해 나는 점잖은 분을 무안하게 할 수 없어서 난처하지만 듣고 서 있었을 뿐인데, 그 때문에 투표할 이유가 생겼다니! 나의 작은 행동이 누군가 정치에 관심을 다시 두게 하는 시발점이 되었다는 사실에 어깨가 무거워졌다. 또 자신이 술 취했다는 것을 알고, 술 깬 뒤 떠올리려고 지갑에 내 명함을 넣는 아저씨의 행동에서 진지함을 느꼈다.

유모차 밀고 선거 나온 여자

사람들이 정치에 무관심한 이유, 투표하지 않는 이유를 나도 안다. 피곤하기 때문이다. 선거 당일 잘 알지도 못하고, 관심도 없는 누군가에게 표를 주느니 차라리 기권하는 편이 더 낫다고 여기는 것이다. 누구를 찍어도 거기서 거기고, 그 사람이 그 사람인 정치판이니까…. 술 취한 사람이 한 말에 내가 너무 의미를 부여하는 건지도 모르겠다. 하지만 지금 생각해도 자신이 투표할 이유를 '술 취한 사람의 말에 귀 기울인 풋내기 아줌마 후보'에게서 찾아준 그분께 고맙다. 당시엔 정치가가 되겠다고 출마한 사람으로서 비장함을 느끼기도 했다.

## 효창동 근육질 아저씨와 운동권 생각

효창공원은 인근 지역 주민들이 애용하는 공간이다. 걸음마를 익히는 아이, 유모차를 미는 엄마들, 데이트하는 커플, 담소 나누는 할머니들, 장기 두는 할아버지들의 풍경이 익숙한 곳이다. 공원 곳곳에 있는 놀이터에서 뛰노는 아이들과 운동기구를 이용하는 사람들도 쉽게 찾아볼 수 있다. 선거운동을 하며 매일 효창공원에 들렀더니 공원에 자주 나오는 분들과는 제법 얼굴을 익히게 되었다. 운동을 날마다 해서 몸에 근육이 우락부락한 아저씨 한 분이 어느 날 나에게 말했다. "4번? 4번이면 운동권이지? 운동권은 안 찍어."

우선, 나는 운동권이 아니다. 1980년대 생인 내가 20대에 진입한 2000년대는 운동하는 시대가 아니었다. 나는 "신세대"라고 불렸고, 개인주의에 빠져 자아실현을 위해 스펙을 쌓느라 바빠서 운동에 신경 쓸 틈이 없었다. 해외여행, 어학연수, 봉사 활동에 자격증 하나라도 더 따느라 바빠서 다른 걸 못했다. 1980~1990년대 캠퍼스에는 운동권이 많았지만, 2000년대에는 운동권을 찾아보기가 어려웠다.

그런데 나더러 운동권이라니! 이게 무슨 마르크스 관 뚜껑 여는 소린가? 나는 아저씨한테 물었다. "제가 운동권같이 생겼어요?" 근육질 아저씨는 내 번호가 '4번'이니까 운동권 출신이 많은 진보 정당과 관계있는 게 아니냐고 물었다. "저는 무소속이고요. 그리고 저희는 서태지 따라다니던 신세대예요. 물론 저는 서태지 안 따라다녔지만. 암튼 전 운동권 아니에요."

흥분을 가라앉히니 궁금해졌다. 운동권이 근육질 아저씨한테 뭘 잘못했기에 운동권은 찍지 않겠다고 하는 걸까? "근데 왜 운동권을 싫어하세요?" 아저씨의 대답인즉 "동네를 시끄럽게 해

유모차 밀고 선거 나온 여자

서"란다. 동네를 시끄럽게 해서? 아마 운동권이 아저씨를 불편하게 한 무언가가 있나 보다.

앞서 말한 것처럼 나는 운동권이 아니다. 일부러 피한 게 아니라 운동권이 될 기회가 없었다. 내 세대는 학교에서 운동권 선배에게 전도되기보다는 캠퍼스 선교단체에 전도될 가능성이 더 높았다. 나는 20대에 선교단체에 끌려가서(?) 성경공부하고, 기독교 서적을 읽고, 나라와 민족을 위해 기도하는 모임에 다니느라 제대로 놀아보지도 못했다. 나이트클럽 한번 못 가본 채 카바레나 어울릴 법한 나이가 되어간다. 아무튼 대학 다니면서 운동권을 만나본 적도 없다. 운동권이 자신들을 구분하는 NL과 PD라는 게 뭔지도 잘 모른다.

내가 처음 만난 운동권은 우리 동네 아줌마였다. 그 아줌마는 내가 제홍이를 낳고 우울증에서 헤맬 때 내게 공동육아를 소개해줬고, 한 여성단체에 데려갔다. 나는 생태주의와 지속가능성, 평화와 성평등을 외치는 여성단체 언니들에게서 페미니즘 세례를 받았다. 언니들은 애기를 키우는 내가 힘들까봐 모임 장소를 우리 집으로 정해주었다. 남편은 언니들과의 모임 날이 되면 아침부터 심장이 벌렁벌렁했다고 한다. 페미니즘 글을 읽은 후에 내가 '가부장제' '차별 철폐' '여성 억압' '구조적 모순' 같은 단

티격태격 유권자들

어를 나열하며 남편을 불편하게 했다고 한다. 남편은 박사 논문을 쓴다며 아침 일찍 학교에 나가고 나 혼자 집에서 육아를 전담하며 돈 벌려고 과외까지 할 때였다. 내 안의 공부에 대한 그리움과 현실에 대한 분노가 페미니즘의 언어를 만났을 때니 남편 입장에서는 뭔가 많이 불편했을 것이다. 그의 말처럼 "아무 문제 없이 잘 살다가" 갑자기 "'꼴페미'가 되어 미쳐 날뛰는 여자"와 시간과 돈의 사용, 육아와 살림 현실에 대해 전복적 논의를 해야 했으니 말이다. 나는 대학원에 복학했고, 남편은 내가 하던 과외를 넘겨받았다. 육아도 일정 부분 남편이 담당하기로 했다. 주체가 되라는 여성주의 가르침이 아니었으면 나는 학교에 복학할 용기를 내지 못했을 것이다. 육아와 살림, 그리고 과외를 하면서 뭔가 불만에 가득 찬 시간을 보내고 있었을 것이다.

　여성주의와 운동권은 동의어가 아니지만, 둘 다 체제에 도전적인 측면이 있으니 근육질 아저씨가 운동권에 느끼는 불편함이 이해되기는 한다. 나는 남편과 나 사이에 굳어진 자원(시간과 돈)의 사용과 배분 구조를 변화시키기 위해 한동안 집안을 시끄럽게 했다. 그리고 남편과 합의에 이를 만한 지점을 찾아 타협했다. 그 긴장과 갈등의 시기에 여성주의는 내게 용기를 북돋웠다. 언젠가 내가 박사과정에 진학하겠다는 뜻을 밝히자 남편이 말했

188

다. "무엇을 해도 좋다. 단, 여성주의만은 하지 마라."

남편 입장에서 남성인 자신에게 유리한 질서에 도전하도록 만드는 여성주의는 불편한 것임이 분명하다. 그러니 내가 여성주의에 몸을 담글까 우려되는 것이리라. 근육질 아저씨의 경우, 자신은 문제를 느끼지 못하는 현 시스템에 반해 운동권이 뭔가 목소리를 내는 게 성가시고 불편했던 건 아닐까? 근육질 아저씨가 무슨 일을 하는 사람인지, 동네에 보탬이 되는 어떤 일을 했는지는 모르겠다. 하지만 내가 만나본 우리 동네 운동권 아줌마의 남편분은 친환경 급식이 시행되도록 노력하고, 공동육아를 만들고, 마을학교 운동을 한다. 아이들 키우기 더 좋은 마을을 만들기 위해 자기 시간과 힘을 들이며 애를 쓴다. 이들의 수고가 "동네를 시끄럽게" 하는 일이라고 폄훼당하는 것은 온당치 못하다는 생각이 든다.

나는 운동권이 아니다. 운동권 다수가 참여한 정당의 당원도 아니고, 그들과 함께 공동육아를 하지도 않는다. 하지만 근육질 아저씨의 운동권에 대한 선입견에 동의할 수 없다. 아저씨가 운동을 열심히 해서 자기 몸이 근육질이 되도록 노력하는 것을 '허튼짓'이라고 할 수 없는 것처럼, 운동권 사람들이 스스로 추구하는 가치를 사회에 실현하는 것도 폄훼해서는 안 되는 것 아닌가.

티격태격 유권자들

사실 시민의 입장에서 보자면, 혼자 운동하는 근육질 아저씨보다는 그 아저씨가 경멸하는 운동권이 내 아들들이 자라는 마을을 더 살기 좋게 한다. 나중에 내 아들 세대가 성인이 되면 그 녀석들이 낸 세금으로 노인이 된 근육질 아저씨와 운동권 주민들을 부양할 때가 올 것이다. 그때 내 아들 세대는 자기들이 어릴 적에 마을학교 만들어주고 친환경 급식 먹을 수 있도록 애써준 분들을 위해서라면 세금 내는 것을 아까워하지는 않을 것이다. 하지만 근육질 아저씨는 내 아들 세대가 자라는 동안 마을이 좋아지는 데 아무런 기여도 않고 계속 근육이나 키우실 텐데, 그분 복지를 위해 세금 부담을 져야 하는 건 아까워할 것 같다. 녀석들이 "아저씨가 우리 자랄 때 해준 게 뭐예요?" 하고 물으면 근육질 아저씨는 무슨 말을 할까?

## 청파동 스쿠터 사내가 준 교훈

청파초등학교 후문에서 선거운동을 할 때였다. 스포츠머리에 러닝셔츠 차림으로 스쿠터를 탄 뚱뚱한 사내가 다가왔다. "모기가 말도 못하게 많아요. 구청에 전화해서 방역 좀 해달라고 해줘요.

내가 몇 번이나 전화했는데 방역을 안 해줘요." 놀랐다. 사람을 외모만 보고 판단하면 안 되는 걸 알지만, 조폭같이 생긴 남자가 갑자기 모기 타령이니 뭐라 답해야 할지 몰랐다. 우선 알겠다고 대답했지만 구청에 전화를 하지는 않았다. 바빴다. 매우 바빴다. 정신없이 바빴다. 그리고 무엇보다 내가 왜 방역을 요청하는 전화를 해야 하는지 이해할 수 없었다.

며칠 후 효창동의 생협 앞에서 선거운동을 하는 중이었다. 스쿠터를 탄 사내가 도로를 가로질러 오는 게 보였다. 그가 내 앞에 멈춰 서서 다짜고짜 묻는다. "구청에 전화했어요?" 그때는 그 사람이 누군지 기억을 못했다. 갑자기 구청에 전화를 했느냐니, 웬 개 풀 뜯어 먹는 소린가? 사내는 계속 말을 이었다.

"모기요. 방역해달라고 구청에 전화했느냐고요!" 그제야 기억이 났다. 아, 그 청파동 스쿠터! 우물쭈물하는 사이 스쿠터 사내가 말했다. "전화 안 했구먼~, 그럴 줄 알았지. 그러면서 무슨 구의원을 한다고." 당황스러워 얼굴이 귓불까지 빨개지는 느낌이었다. 얼른 말을 돌렸다. "안 그래도 우리 집에도 모기가 아주 몸서리치게 많아요. 5월부터 10월 말까지 왜 그렇게 모기가 많은지 몰라요~." 스쿠터 사내는 자기네 집에도 모기가 많아서 애들이 고생한다고 했다. 나는 언젠가 TV에서 본 대로 방역이

티격태격 유권자들

모기 퇴치에 별로 효과가 없다더라는 얘기를 하고, 구청에는 꼭 전화하겠다고 말했다. 그런데 그날 방역차가 돌아다녀 전화할 필요가 없어졌다.

그 이후에도 스쿠터 사내를 몇 차례 목격했다. 스쿠터 앞뒤에 자기를 똑 닮은 두 딸을 태우고 생협과 그 옆 마을 책방을 오가는 모습이었다. 외모만 봐서는 조폭 같았는데, 마을에서 자녀를 낳아 키우는 선량한 사람인 것 같았다. 두 딸에게 쩔쩔매는 순하디순한 '딸딸이' 아빠였다.

생각해봤다. 사내는 왜 내게 구청에 전화하라고 했던 것이며, 왜 나는 전화를 하지 않았던 것인지를 말이다. 나는 구의원이 되겠다며 선거에 나왔지만, 구의원이 무슨 일을 하는지 잘 알지 못했다. 막연히 동네가 살기 좋아지도록 주민을 돕는 사람이라고만 생각했지, 동네 방역까지도 구의원이 살펴야 한다는 생각을 해보지 못했다. 스쿠터 사내는 내가 구의원이 되겠다고 나왔으니 자신이 불편을 겪고 있는 문제를 해결해주길 기대한 것이다. 그가 옳다. 나 역시 예전에 구의원들을 만나면 사람들이 길에서 담배를 못 피우도록 금연 조례를 만들어달라고 부탁하고, 후에 만나면 발의를 했는지 확인하곤 했다. 그러니 방역하라고 전화해달라던 그의 요구는 그르지 않다. 아니 정당하다. 내가 문제였

유모차 밀고 선거 나온 여자

다. 엉겁결에 알겠다고 대답하고 약속을 지키지 않은 것, 또 구의원이 할 일이 무엇인지 똑똑히 알지 못한 것.

나는 낙선했다. 유권자의 기대에 부응하지 못했으니 당연하다. 스쿠터 사내의 말, "그러면서 무슨 구의원을 한다고"가 귓가에 쟁쟁하다. 다시는 그런 말을 듣고 싶지 않다. 부끄럽다. 언젠가 어떤 자리에 오르고자 한다면 그 자리에 기대되는 역할이 무엇인지 먼저 제대로 파악할 것! 이것이 내가 스쿠터 사내에게 배운 교훈이다.

## 여성 후보에 냉담한 여성 유권자들

참 이상하다. 왜 여성들은 정치에 관심이 없을까? 여성들은 노인, 아이와 함께 마을 생활의 주체다. 남성들은 일터에 가느라 대부분의 시간을 마을 밖에서 보내지만, 전업주부인 여성들은 아이와 함께 마을에서 시간을 보낸다. 초등학교 등교 시간에 학교 앞을 가보면 저학년 아이를 등교시키는 수많은 엄마를 만날 수 있다. 마을 책방과 생협 인근에서도 젊은 엄마를 많이 만날 수 있다. 하지만 그들 중 누구도 엄마 신분으로 정치에 나온 내게 관심을 보이지 않았다.

나를 향한 젊은 엄마들의 시선은 '해볼 테면 해봐라. 얼마나 잘하는지 보자'라는 냉소에 가깝게 느껴졌다. 내 자격지심일는지도 모른다. 그런데 얼마 전 타 지역구에서 오랫동안 구의원으로 일했던 분을 만나 내가 여성 유권자들에게 받았던 인상에 대해 말씀드렸다. 뭔가 싸늘한 것이 냉소적으로 바라보는 것 같았다고. 그분도 선거 때와 구의원 재임 기간에 그런 경험을 많이 했다고 말씀하셨다. 내가 착각한 게 아니어서 다행이다 싶었다. 아니, 내 찌그러진 자화상 때문에 내가 받은 느낌이 왜곡된 게 아니었단 점에서는 다행이지만, 여성들이 정치나 정치인 혹은 여성 정치인에 대해 냉소적이란 사실은 다행스럽지 않다. 선거 운동하면서 내가 만난 여성 대부분은 나를 길에서 전단 나눠주는 사람쯤으로 대했다. 남성들은 훈계를 하든 당부를 하든 하다 못해 시비를 걸든, 여러 방식으로 말을 건넸다. 하지만 여성들의 반응은 냉소나 무관심에 가까웠다.

물론 예외도 있기는 했다. 우리 가족이 자주 들르는 '엄마손 김밥' 사모님은 나를 부러워하셨다. 자기는 남편 때문에 김밥 싸고 있는데, 나는 남편이 구의원에 출마시켰다면서 "좋은 남편 만났다"고 하셨다. 뒤에서 달걀을 부치던 사장님이 사모님 눈치

유모차 밀고 선거 나온 여자

를 보느라 안절부절못하시는 모습이 안타까웠다.

우리 동네에서 폐지를 줍는 할머니 한 분은 나를 적극적으로 도와주셨다. 그분은 나름 통 크게 폐지를 모았다. 마을에 있는 학교나 작은 사무실을 다니면서 나름대로 영업을 하셨다. 동네 여기저기 돌아가는 물정을 잘 아는 약방의 감초 같은 할머니셨다. 선거운동 초기에 길에서 할머니와 만난 적이 있는데 그때 할머니가 "구의원 되면 뭘 하려고 하느냐?" 하고 물으셨다. 나는 할머니에게 "동네에 노인과 아이가 다니기 불편한 길이 없는지 살피고, 곳곳에 어르신들이 앉으실 수 있는 의자를 두겠다"고 했다. 노인들이 효창공원을 많이 찾으시는데 벤치와 파라솔이 망가져 있어 마음에 걸렸기 때문이다. 그날 이후 할머니는 노인들이 어떤 시간대에 어느 동선으로 움직이는지 알려주셨다. 노인들이 자주 모이는 곳에 나를 데려다주기까지 하셨다. 또 나에 대한 노인들의 여론이 어떻게 흘러가는지도 알려주셨다. "혹시 당선되거든, 잘하라고 알려주는 거여." 할머니의 말씀이었다.

늦은 밤에 선거공보를 보시던 분도 기억에 남는다. 한 여사님이 귀갓길에 선거공보를 펼쳐보시기에 명함을 드렸다. 그분은 청파동에서 약국을 하신다 했는데, 나에게 "여자도 구의원 정도는 할 수 있지. 꼼꼼하게 살림을 할 수 있으니까. 시의원이나 국

티격태격 유권자들

회의원은 여자가 하기에는 벅차지만 구의원 정도는 할 수 있을 거야. 찍어 줄 테니 잘 해봐요"라고 말씀하셨다. 날 찍어주신다니 감사하기 그지없었지만, 구의원은 되고 그 이상은 안 된다는 생각은 의아했다. 남편에게 "정말 이상하지 않아? 저분 연배에 약사면 당시 최고 엘리트인데 어떻게 '여자'라서 구의원은 되지만 그 이상은 안 된다고 생각하실까?"하고 물었다. 남편은 "저분이 살아온 시대의 상당 기간이 성별에 따라 직업의 구분이 엄격하고 기회도 제한되던 시기였으니 당신이 이해하쇼"라고 말했다.

다른 한 분은 은퇴한 교수 할머니였다. 남편이 길에서 명함을 나눠주다 우연히 만났는데, 자기 명함을 주면서 나에게 전화하라고 하셨단다. 주신 명함을 보니 서울의 한 사립대학에서 법학을 가르치던 분이셨다. 처음에는 연락을 안 드렸다. 전화해서 무슨 말을 하리오. 그런데 얼마 후에 남편이 길에서 그 할머니 교수님을 또 만났는데 꼭 전화하라고 하셨단다. 구글에서 그 할머니 교수님에 대해 검색했다. 화려한 이력이 화면을 채웠다. 아우, 부담스러워. 도대체 나한테 왜 전화를 하라고 하실까? 부담스러워도 예의가 아닌 듯해 전화를 드렸다. 다른 게 아니라 당신이 사는 고급 맨션의 이름을 알려주시면서 경비에게 말해놓겠으

유모차 밀고 선거 나온 여자

니 와서 집집이 명함을 두고 가라는 것이었다. 기왕에 나왔으니 꼭 이기기를 바란다는 말씀도 덧붙이셨다.

이렇게 네 분이 후보인 나에게 나름 긍정적인 반응을 보여주신 여성 유권자로 기억된다. 내가 만난 할머니 대부분은 "애나 잘 키우지 구의원을 뭐 하려고?" 하며 면박을 주었다. 초등학교 앞에서 명함을 나눠줄 때 만난 내 또래 혹은 나보다 서너 살 많은 연배의 엄마들은 눈도 잘 맞추지 않는다.

그런데 재미있는 것은 내 명함을 받은 엄마들 중에 나에게 과외를 요청하며 전화번호를 알려달라고 하는 사람이 왕왕 있었다는 점이다. '구의원 후보'로는 받아들이고 싶지 않지만, '과외 선생'으로는 필요하다는 의미다. 나는 구의원이 되어 엄마들의 재능을 공유해서 사교육 걱정 없는 마을 공동체를 만들겠다는 공약을 내걸었다. 그런데 이 공약을 내건 후보에게는 관심이 없고, 서울대 나온 과외 선생은 필요하다니 참, 이것을 뭐라 해야 할지…. 요즘 엄마들은 자녀 교육에 목숨을 건다고 하니 이해가 안 되는 것은 아니다. 자녀 공부 잘 시키는 걸 엄마의 능력으로 여기는 때에 과외 선생감을 하나 발견했으니 말이다.

아빠는 아이가 교육을 받는 데 필요한 돈을 벌어오고, 엄마는 아이를 교육할 상품을 '구매'하는 것이 오늘날 자녀 교육에 있어서 부모가 합의한 역할 분담인 것 같다. 교육 문제에서 인상적인 또 하나의 큰 흐름은 '아웃소싱outsourcing'이다. 엄마는 각종 분야의 전문가를 찾아내서 자녀 교육을 아웃소싱한다. 온갖 정보력을 동원해 좋은 선생을 찾아내고, 어떻게든 자신의 아이를 그 선생 밑으로 밀어넣는 것이다. 이 과정에서 경제적 수준이 비슷한 엄마들은 자기가 찾아낸 선생을 공유하며 무리를 짓는다. 이 지점에서 구매력을 전제로 한 배타성이 드러난다.

과외 선생으로서 나를 구매하려고 했던 엄마들의 시도는 '시장'을 통해 교육적 필요를 충족시키고자 한 방식이라고 볼 수 있다. 요즘 엄마들은 '정치'나 '연대'와 같은 사회적 접근이 아니라 '시장'에서 '개인의 구매력'의 '크기'에 맞춰 자녀 교육이라는 문제를 각개전투로 풀고 있다. 나 역시 당장 내후년이면 큰아들에게 예체능을 하나씩 가르쳐야 하는 입장이다. 별다른 수가 없으면 나도 시장에서 필요를 채울 것이다. 지금 나는 기로에 서 있다. 한쪽에는 다른 엄마들과 함께 공동체를 이뤄 연대의 방식으로 교육적 필요를 채우는 길이 있고, 다른 한쪽에는 돈을 벌어 시장에서 필요한 구매력을 높이는 길이 있다.

사실 나는 구매력을 높이는 방식으로 자녀 교육의 필요를 채우는 방식에 조금 비판적인 입장이다. 나는 어려서 학원을 거의 안 다녔다. 부모님이 특별히 의식 있는 분들이어서가 아니라 동생이 나보다 공부를 못해 녀석을 학원에 보내느라 나는 보내지 못한 거였다. 그 대신 나는 책을 많이 읽었고, 혼자서 꾸물거릴 시간이 많았다. 나는 내 아이에게도 시간을 자기 의지대로 쓸 수 있게 해주고 싶다. 책을 읽고 싶으면 책을 읽고, 기타를 치고 싶으면 기타를 칠 수 있게 말이다. 이런 얘기를 어떤 분께 했더니 입에 거품을 물며 날 비난했다. "너는 서울대를 나와 학력 콤플렉스가 없어서 다른 사람들의 박탈감을 몰라서 그러는 거다"라는 게 비난의 요지였다. 그때는 너무 당황해서 아무 대꾸도 못했는데, 부모가 자기 콤플렉스 때문에 자녀를 사교육으로 내몰아 스스로 여물어갈 여유를 주지 않는 것은 바람직하지 않다. 부모에게 콤플렉스가 있다면 자녀를 통해서가 아니라 스스로 극복하는 게 맞다.

학벌 위주의 사회에서 아이가 살아남을 수 있도록 준비시키는 게 부모가 해야 할 일이 아니냐는 질문이 나올 수 있다. 학벌 위주뿐 아니라 다른 부정적 현상, 가령 물신주의, 인종차별, 자문화 중심주의 같은 문제 속에서도 자녀가 살아남을 수 있도록 키우겠다면, 아이가 인지적 측면의 인적 자본human capital이 아닌 건강한 자존감을 함양하면서 자라도록 해야 한다. 병리적 구조 안에서 아이를 우등생 만드는 일에 목을 맬 게 아니라 부모가 아이와 함께 대안을 고민하고, 아이가 상호작용할 건강한 어른들을 만날 수 있도록 공동체를 만들어주어야 한다. 그 공동체를 통해 아이가 건강한 자존감을 형성할 수 있게 말이다.

아무튼 동네 엄마들에게 함께 아이를 키우는 공동체를 만들자며 다가갔는데, 돌아온 것은 과외 선생 해달라는 반응이었으니 서로 한참 더 알아가야 할 것 같다.

유모차 밀고 선거 나온 여자

# 우리 사회를 바꿀
# 후보자의 당선을 기원하며

스무 살 때 터키로 여행을 갔는데 이스탄불에서 집시에게 소매치기를 당했다. 카파도키아 지역으로 이동하기 직전이었다. 여권과 비행기 표는 숙소에 맡겨두어 무사했다. 미리 숙박비와 교통비를 지급해놓은 터라 카파도키아의 괴레메라는 마을에 도착할 수 있었지만, 나는 무일푼이었다. 터키 사람들의 후한 손님 접대 문화 덕분에 그럭저럭 지낼 수 있었다. 숙소에서 제공해주는 아침을 먹고 나와 이곳저곳을 걸어 다녔다. 시골 아주머니의 수레를 얻어타기도 했고, 다른 여행자들에게 신세를 지기도 했다. 돈이 있었으면 만나지 못했을 현지 농부 가족을 따라가 카펫도 만들어보고, 물레를 돌려 그릇도 만들어봤다. 당시의 일기장에는 두려움과 난처함의 흔적이 남아 있지만, 지금 생각하면 총체적으로 즐거웠고 유쾌했으며 많이 자란 시간이었다. 하지만 다시 그런 여행을 하고 싶지는 않다. 몸과 마음이 고달팠기 때문이다.

서른네 살의 구의원 출마 사건을 생각하면 스무 살의 터키 여행이 떠오른다. 경험도 돈도 없으면서 무모하게 한 도전이었지만 총체적으로 즐거웠고 재미있었으며 뭔가 많이 배웠다. 그렇지만 절대로 다시 하고 싶지는 않은 경험…. 선거운동하는 내내 남편을 원망했다. '내가 왜 저 사람과 결혼해서 이 고생을 하는 것인가?' 하지만 지금 와서 생각해보니 남편이 아니었다면 그런 재미난 일을 시작하지 못했을 것이고, 그 경험이 가져다준 여러 고민을 만나지도 못했을 것이다.

개인적으로 정치를 혐오하던 태도에 대해 반성하고 대안을 고민하는 계기가 되었다. '출마'해서 당사자가 되지 않았다면 나는 멀찌감치 서서 고고한 척하며 정치인이 되려는 사람들을 야망의 노예라고 손가락질하고 있었을 것이다.

남편과의 관계도 새로워졌다. 그동안 주로 집에서만 맺어온 부부 관계에 지역구 골목 곳곳을 함께 누비면서 동지애 혹은 전우애 같은 게 더해졌다. 서재에서 공부만 하던 남편이 전봇대에 올라가 현수막을 다는 모습은 실로 충격이었다. 가만히 앉아 공부만 할 줄 아는 샌님인 줄 알았는데 내 남편이 그런 일을 할 수 있다니 멋있어 보이기도 했다.

마을과 마을 사람들에 대해서도 새롭게 배우는 시간이었다. 내가 사는 동네와 지역구에 존재하는 다양한 삶과 풍경을 몸소 접하는 계기이기도 했다. 구의원 후보가 아니었으면 만날 수 없었을 사람들, 보지 못했을 풍경, 가지 않았을 장소, 경험하지 못했을 처지였다. 시작은 누군가의 한 표를 얻기 위해서였다. 그 때문에 쪽방촌에 가고, 술 취한 사람에게 인사도 했다. 부끄러운 것도 없이 길에서 사람들에게 명함을 나눠줬다. 그렇게 하루하루를 보내면서 마을이 말하는 소리를 듣게 되었다. 예전에는 들어본 적도, 귀 기울여본 적도 없는 소리였다. 라디오의 전파가 엉킨 것처럼 수많은 이야기가 여러 가지 목소리로 들려왔다. 저마다 자신의 목소리를 들어달라고 손짓하는 듯했다. 나는 셀 수 없이 많은 이야기를 들었고 그것들은 기억의 형태로 내게 달라붙었다. 숱한 기억을 떠안아 내가 전보다 더 무거워진 느낌이다.

구의원 선거에 나가 혀가 빠지게 힘들었지만, 나는 '시민 됨'을 배웠고 성장할 수 있었다. 나 혼자의 힘으로 그럴 수 있었던 것은 아니다. 내게 표를 준 1715명의 유권자와 자신의 시간과

에필로그: 우리 사회를 바꿀 후보자의 당선을 기원하며

재능과 돈을 나누어준 사람들 덕분에 가능했다. 만약 내가 당선됐다면 그 빚을 갚는 심정으로 주어진 소임을 다했을 것이다. 하지만 낙선하고 보니 빚을 갚을 수가 없다. 고마웠다고, 큰 힘이 되었다고 한 분 한 분 찾아뵙고 싶지만 그것도 녹록지 않았다. 그래서 나는 펜을 들고 민낯의 구의원 출마기를 기록했다. 부디 내 기록이 그분들에게 유쾌한 추억이 되길 바란다.

그리고 한 가지 더, 나와 내 아이들이 살아갈 우리 마을, 우리 사회에 대해 주인 의식을 가져보자고 말하고 싶다. 우리의 관심이 우리 마을, 우리 사회를 바꿀 수 있다. 사회가 돌아가는 게 무언가 불만족스럽고, 불안하며, 불공평한 것 같은가? 우선 관심을 가져보자. 선거에 나온 후보들을 꼼꼼히 살펴보고, 기회가 되면 시민단체 활동도 해보자. 좀 더 적극적으로 변화를 일으키고 싶다면 선거에 출마도 해보기 바란다.

우리는 시민이다. 시민은 권리와 책임이 있는 주체다. 사회에서 누릴 수 있는 권리를 떳떳하게 누리면서 더 나은 사회를 만들고 가꿀 책임이 있는 존재들이다. '할 수 없다' '될 수 없다'는 패배감을 극복하고, '혹시 모르는 겨~' 하는 마음으로 도전하길 바란다. 비록 나는 낙선했지만 변화를 꿈꾸며 더 나은 세상을 위해 애쓰고자 도전하는 시민들의 당선 소식을 기다리겠다.

유모차 밀고 선거 나온 여자

# 선거 입후보자에게 권하는 정보

### 중앙선거관리위원회 선거법령정보

– 선거판의 생리를 이해하자

 선거판이 어떻게 돌아가는지 숙지하고 있는 사람과 그렇지 못한 사람의 차이는 크다. 우리나라의 모든 정책은 법을 근간으로 한다. 그런 면에서 선거 역시 법에 기반을 두고 있다. 공직선거법은 선거에 관련된 모든 내용을 포함한다. 선거 과정에서 다툼이 일어날 소지가 크기 때문에 공직선거법, 시행령, 시행규칙은 아주 사소한 내용까지도 포함하고 있다.

## 중앙선거관리위원회 정책·공약 알리미

### - 눈과 귀를 열면 맞춤 공약이 보인다

 중앙선거관리위원회 누리집 분야별 정보 중에 정책·공약 알리미라는 페이지가 있다. 전국 방방곳곳의 다양한 사람이 각자 의미 있고 가치 있는 공약을 게시해놓았다. 선거에 출마해 후보자로서 공약을 수립할 때 이런 공약은행의 자료를 참고하는 것도 시도해볼 만하다.

유모차 밀고 선거 나온 여자

## 중앙선거관리위원회 정당 정책·공약

### - 검증된 정책과 공약에서 핵심 열쇳말 찾기

 우리나라의 내로라하는 정당들이 어떤 공약을 제시하고 있는지도 살피면 좋다. 여기에는 대한민국 사회를 움직이는 핵심 열쇳말이 담겨 있다. 각 정당의 최고 인재들이 구성해놓은 정책과 공약을 유심히 살피고 철저히 분석하면 도움이 된다. 연령, 계층, 정치적 견해, 지역 문제 등 다양한 입장의 목소리를 반영하는 공약이 어떻게 제시되어 있는지 파악하면 후보자로서 자신이 속한 지역의 중점 관심사와 사안을 반영한 공약을 어떻게 세워야 할지 선명히 보인다.

## 자치구 누리집의 공개 자료

### - 출마 지역의 살림살이를 파악하라

자신이 후보로 출마한 지역사회를 공부하자. 자료 구하기는 의외로 쉽다. 매년 발간되는 각종 통계연보를 활용하면 된다. 전자책으로 모든 내용이 공유되어

유모차 밀고 선거 나온 여자

있다. 한 권씩 가만히 뜯어보면, 자치구의 현황과 문제점까지 속속들이 파악할 수 있다. 예를 들어 인구 관련 통계만을 살펴본다고 가정하자. 각 자치동마다 연령별, 성별별 인구수를 파악할 수 있다. 또 이들의 평균 월수입, 생활수준, 학력수준 등 다양한 사회경제적 지표까지 분석할 수 있다. 그리고 각 자치동의 기초생활수급자, 한부모가정, 독거노인 등의 현황을 파악해 각 자치동의 강점과 약점을 반영한 공약을 선별할 수 있다.

## 지역 카페

**– 지역주민의 인심과 여론을 파악하자**

이게 참 어렵다. 하지만 인터넷의 지역 카페를 활용해보는 것도 좋은 방법이다. 특히 3040 여성의 경우, 자녀교육 정보를 공유하는 지역 카페에 가입한 사람이 많다. 남성들 중에는 부동산이나 재테크 카페에 가입한 사람이 많다. 이를 활용해 여론과 사람들의 욕구를 어느 정도 파악할 수 있다. 나는 맘스홀릭 용산지역 방에서 엄마들의 주요 관심사와 이슈를 파악하고 후보자로서 나를 홍보하기도 했다. 하지만 카페에서 섣불리 홍보 활동을 하다가는

유모차 밀고 선거 나온 여자

강퇴를 당할 수 있다. 따라서 표를 얻기 위한 방편으로 접근하기보다는 건전하고 유용한 정보를 지속적으로 공유하는 깨끗한 활동으로 물의를 일으키지 않도록 유의해야 한다. 지역 카페 활동에 진정성을 보인다면 약간의 홍보를 해도 받아들여질 수 있다.

## 구의원 후보자 등록 서류

### 후보자 등록 신청서

1. 정당의 후보자추천서 또는 선거권자의 후보자추천장 1통
   (○○매)
2. 가족관계증명서 1통
3. 사직원접수증 또는 해임된 것을 증명하는 서류 1통
   (해당자에 한함)
4. 주민등록표 초본 1통
5. 재직증명서 1통
   (「공직선거법」 제16조 제4항에 해당되는 지방자치단체장에 한함)
6. 등록대상재산에 관한 신고서 1통

7. 병역사항에 관한 신고서 1통

8. 최근 5년간 세금납부·체납증명에 관한 신고서 1통

9. 전과기록증명에 관한 제출서 1통

10. 정규학력 증명에 관한 제출서 1통

11. 공직선거 후보자등록 경력신고서

12. 인영신고서 ○매


**결과적으로 후보자가 준비하거나, 서명해야 하는 서류들**

1. 후보자등록신청서

2. (비례대표시·도의원)·(비례대표자치구·시·군의원)후보자등록
   신청서

3. (비례대표시·도의원)·(비례대표자치구·시·군의원)후보자명부

4. 후보자추천서

5. 후보자본인승낙서

6. 후보자추천장 (검인)·(교부)신청서

7. 공직선거후보자재산신고서

8. 공직선거후보자병역사항신고서

9. 최근 5년간 세금납부·체납증명에 관한 신고서

   9-1. 소득세 및 종합부동산세 납부·체납증명신청서

유모차 밀고 선거 나온 여자

참고자료

우자 등)의 (선임) · (공동선임) · (해임) · (교체)신고서

23. 인영신고서

24. 선거사무장 등의 표지 재교부신청서

25. (선거벽보) · (선거공보) · (후보자정보공개자료)제출서

26. (선거벽보) · (선거공보) · (후보자정보공개자료) 정정 · 삭제
    요청서

27. 후보자정보공개자료

28. 선거공약서 (배부신고서) · (제출서)

29. 점자형 선거공약서 발송용 봉투

30. 선거공약서 제출 및 공개 승낙서

31. 신문광고게재인증서의 교부신청서

32. (후보자) · (정당)의 방송연설신고서

33. 경력방송원고(텔레비전용 · 라디오용)제출서
    〈별지〉 경력방송용 사진파일 규격

34. 표지교부신청서

35. 현수막 등 표지 재교부신청서

36. 대담 · 토론회참석승낙서

37. 후보자 등 초청 대담 · 토론회 개최신고서

38. 대담 · 토론회 참석확인서

유모차 밀고 선거 나온 여자

# 유모차 밀고 선거 나온 여자

초판 1쇄 인쇄 ㅣ 2015년 4월 15일
초판 1쇄 발행 ㅣ 2015년 4월 22일

지은이 서정원
책임편집 손성실
편집 조성우
디자인 권월화
일러스트 홍미진
용지 월드페이퍼
제작 ㈜상지사P&B
펴낸곳 생각비행
등록일 2010년 3월 29일 ㅣ 등록번호 제2010-000092호
주소 서울시 마포구 월드컵북로 132, 402호
전화 02) 3141-0485
팩스 02) 3141-0486
이메일 ideas0419@hanmail.net
블로그 www.ideas0419.com

ⓒ 생각비행, 2015, Printed in Korea.
ISBN 978-89-94502-33-5  03300